清水書院

もくじ

前近代編

第1章　ギリシャ・ローマ文明

Question
- **01** アクロポリスの中心には何が置かれていたの？
  〜アクロポリスとパルテノン〜 ……… 6
- **02** 古代ギリシャ人たちの戦い方はどんなものだった？
  〜ギリシャ人の戦闘〜 ……… 8
- **03** 古代ギリシャ人はどんな生活をしていたの？
  〜壺絵に見るギリシャ人の生活〜 ……… 10
- **04** ギリシャ彫刻にはどんなものがあるのだろう？
  〜ギリシャ彫刻〜 ……… 12
- **05** アレクサンドロス大王はどこにいるの？
  〜イッソスの戦い〜 ……… 14
- **06** 帝都ローマの中心地はどこにあるの？
  〜帝都ローマ〜 ……… 16
- **07** ローマ人はどんな暮らしをしていたの？
  〜ローマ人の生活〜 ……… 18
- **08** ポンペイ遺跡はどんな街だったの？
  〜ポンペイ遺跡〜 ……… 20

第2章　古代アメリカ文明
- **09** アステカ王国で行われた儀式は何だろう？
  〜アステカ王国〜 ……… 22
- **10** アメリカの古代文明は、どうやって情報伝達したの？
  〜アステカ人の絵文書〜 ……… 24
- **11** マチュ＝ピチュの遺跡はどこにあるの？
  〜インカ帝国とマチュ＝ピチュの遺跡〜 ……… 26

第3章　ヨーロッパ世界の形成
- **12** 聖ヴィターレ聖堂には誰が描かれているの？
  〜聖ヴィターレ聖堂のモザイク画〜 ……… 28
- **13** ノルマン征服を行ったのは誰だろう？
  〜ノルマン征服（バイユーのタペストリー）〜 ……… 30
- **14** 中世の騎士はどんな生活を送っていたのかな？
  〜騎士身分の生活〜 ……… 32
- **15** ベリー公の時禱書には何が描かれていたのかな？
  〜ベリー公のいとも豪華なる時禱書に見る農民の生活〜 ……… 34
- **16** 市民たちの生活に深くかかわったものは何だろう？
  〜中世都市と市民の生活〜 ……… 36
- **17** シャルトル大聖堂はどんな建物なのかな？
  〜シャルトル大聖堂〜 ……… 38
- **18** 城塞都市カルカソンヌはどこにあるのかな？
  〜城塞都市カルカソンヌ〜 ……… 40
- **19** 百年戦争でフランスを救ったのは誰？
  〜百年戦争〜 ……… 42

前近代編

Question 20 14世紀のイギリスで農民反乱を起こしたのは誰？
～ワット＝タイラーの乱～ ... 44

21 14世紀に流行したペストはどこからきたの？
～ペストの流行～ ... 46

第4章 近代ヨーロッパの形成

22 サンタ＝マリア大聖堂はどこにあるかな？
～北イタリア都市フィレンツェ～ ... 48

23 ルネサンスの絵画にはどんな作品があるかな？
～ルネサンスの絵画～ ... 50

24 コロンブスが発見したのは何という島？
～コロンブスの新大陸発見～ ... 52

25 ヴェルサイユ宮殿はどこに建設されたかな？
～ヴェルサイユ宮殿～ ... 54

26 三十年戦争当時の軍隊はどんなものだった？
～三十年戦争～ ... 56

27 ブルボン朝のルイ14世はどんな人物なのかな？
～ブルボン王朝とピューリタン革命～ ... 58

28 絶対主義の国にはどんな君主がいるのかな？
～中・東欧の絶対主義～ ... 60

29 奴隷はどのような状態で運ばれたんだろう？
～奴隷運搬船～ ... 62

近・現代編

第5章 市民革命と産業革命

30 ボストン茶会事件はなぜ起こったのだろう？
～ボストン茶会事件～ ... 66

31 フランス社会の3つの身分とは？
～アンシャン‐レジーム～ ... 68

32 フランス革命を起こしたのはどの身分？
～フランス革命の始まり～ ... 70

33 バスティーユ牢獄はどんな場所？
～バスティーユ牢獄の襲撃～ ... 72

34 ルイ16世はどんな理由で処刑されたのかな？
～ルイ16世の処刑～ ... 74

35 ナポレオンの戴冠式を描いたのは誰？
～ナポレオンの戴冠～ ... 76

36 産業革命の原動力になったエネルギーとは？
～産業革命～ ... 78

37 ウィーン会議を主導したのは誰？
～ウィーン体制のはじまり～ ... 80

38 「民衆を率いる自由の女神」を描いたのは誰？
～ドラクロワ「民衆を率いる自由の女神」～ ... 82

39 フランス二月革命で打倒された政治体制は？
～二月革命～ ... 84

近・現代編

Question 40 ドイツ統一はどこの国がなしとげたの？
～ドイツ皇帝の戴冠式～ 86

41 1878年のベルリン会議を仲介した人物は誰？
～ベルリン会議～ 87

第6章 ロシアとアメリカの発展

42 ナロードニキは何をした人たちだろう？
～レーピンの描くナロードニキ～ 88

43 インディアンの弾圧はどうしておきたの？
～幌馬車と「涙のふみ分け道」～ 90

44 大陸横断鉄道はどことどこを結んだのかな？
～大陸横断鉄道の建設とロング―ドライブ～ 92

第7章 第一次世界大戦までの世界

45 アフリカ分割に参加した国はどの国かな？
～アフリカ分割～ 94

46 パリ万国博覧会ではどんな建物があったかな？
～パリ万国博覧会～ 96

47 ロシア第一革命がおこった歴史的背景は何だろう？
～1905年のロシア第一革命～ 98

第8章 第一次世界大戦と戦間期

48 第一次世界大戦ではどんな兵器が使われたかな？
～兵器～ 100

49 第一次世界大戦での戦い方はどんな風に変わったかな？
～戦場～ 102

50 なぜアメリカ合衆国はドイツに宣戦したの？
～アメリカ参戦～ 104

51 ロシア革命を指導したのは誰だろう？
～ロシア革命～ 106

52 ドイツのインフレーションはどうして起こったの？
～1923年のドイツのインフレーション～ 108

53 アメリカ合衆国の大恐慌はどうして起こったの？
～アメリカの1929年の大恐慌～ 110

54 ソ連の社会主義建設の立役者は？
～ソ連の社会主義建設～ 112

55 ナチスの支配手段は何とよばれたの？
～ナチス～ 114

56 ミュンヘン会談では何が話し合われたの？
～ミュンヘン会談～ 116

付録

世界史年表 120

世界地図　おもな遺跡と都市 128

謎トキ
世界史 写真・絵画が語る歴史
西洋史編

前近代編

第1章 ギリシャ・ローマ文明

Question 01 紀元前

アクロポリスの中心には何が置かれていたの？
~アクロポリスとパルテノン~

ポリスのかなめであるアクロポリスの中心には，各ポリスの守護神を祭る神殿が建てられました。最大のポリスとして知られているアテネの中心では，女神アテナを祭るためのパルテノン神殿が偉容を誇っています。

❶ エレクティオン
　南西隅の柱廊（模造）
　6体の少女像が柱となっています。
　像の高さは約2m
　イオニア式建築
　青と白で彩られています。

バルカン半島を南下後各地に広がったギリシャ人は、やがて集住（シノイキスモス）してポリスを形成しましたが、場所としては、防衛への配慮から小高い丘をもつ地点が選ばれました。ポリスとは本来この丘のことを指しましたが、やがて都市国家を意味するようになると、丘はアクロス（高い）という言葉を付してアクロポリスとよばれることになりました。

　軍事上の要所で最後の砦であったアクロポリスは、同時に宗教上の聖地でもあり、丘の上には各ポリスの守護神を祭る神殿が建てられました。

　現存する遺跡として名高いのは、アテネのアクロポリスです。それは市街中央にそびえる高さ150mほどの岩山でパルテノン神殿をはじめ、ニケ神殿、エレクティオン、プロピュライアといった石造建築物が当時の偉容を伝えています。

　なお、アクロポリスの北側をくだるとアゴラ（広場）があり、周囲に公共建物が並び、政治や裁判が行われ、また商店が連なる市場でもありました。このようにアクロポリスとアゴラはセットとなって、ポリスの市民生活の中心となったのです。

❻パルテノン神殿
基壇は南北31m、東西70m
列柱は前向き8本、側面17本、内部を合わせて計58本
ドーリア式で柱には独特のふくらみ（エンタシス）が見られます。アテナ神像をはじめ、500体余りの彫像が置かれていました。破風も石像で飾られており、その石像の髪は金色、衣服は朱とエメラルド色に鮮やかに彩色されていたといいます。
写真は西側から撮ったものですが、正面は反対の東側にあります。

❷**アクロポリスの全景**
南側からの眺望
アゴラは丘の反対側にあります。
❸ニケ神殿
❹プロピュライア（前門）
パルテノン神殿への入口
❺ローマ時代の劇場

（カナダ、ロイヤル＝オンタリオ博物館蔵）

❼女神アテナ像
パルテノン神殿に安置されていたこの女神アテナの巨像は、フィディアスの作品で金箔を張られた青銅製のものでした。これは復原像です。

Question 02 紀元前

古代ギリシャ人たちの戦い方はどんなものだったの？
～ギリシャ人の戦闘～

青銅製の丸い盾を持ち，兜やすね当てをつけたギリシャ人兵士たちは重装歩兵とよばれています。彼らは長槍を右手にもち，密集隊形（ファランクス）をとって，敵陣に突撃しました。

❶ 右手の婦人は戦士の妻か母。かんでん用のワインをボールにそそいでいます。ワインは勝利と無事に帰るようにとの祈りとともに地面にそそがれました。兵士は左のひげの男――たぶん父親――に別れを告げています。兵士の表情に哀感が感じられます。

（ロンドン，大英博物館蔵）

❷ 兵士は重装歩兵であり，兜をかぶり，すね当てをつけています。

ギリシャ文明をになった政治単位は，前8世紀中ごろに成立したポリスと呼ばれる都市国家でした。その規模は小さく，ギリシャ世界に数百を数えるポリスがありました。人口はアテネがアッチカ地方を併せて約30万に達したのは例外で，数万ないし数千が普通でした。そして成人男子からなる市民のみが参政権をもち，他に市民の家族，奴隷，在留外人が住んでいたのです。

　市民は全住民の一部で，最盛期のアテネでも3万5千人ほどといわれています。市民は同族意識，同一信仰にむすばれ強い共同体意識をもち，政治・軍事・財政上の義務に忠実で，その全生活はポリスによって規定されたわけです。

　ギリシャ・ポリスの大きな特徴は軍事組織としての性格でした。市民団は同時に戦士団であり，その中核をなしたのは武装自弁の重装歩兵です。彼らは密集隊を組んで戦い，そこでの戦闘の帰趨を決定したのは，一糸乱れぬ集団的行動でした。

（ローマ，ヴィルラジュリア博物館蔵）

❸重装歩兵の密集隊形
　重装歩兵は左手にホプロンとよばれる青銅張りの丸い盾をもち，兜・甲冑・すね当てで自らを守りながら，右手の長槍で戦います。これは密集隊形によってはじめて有効な戦術となるものでした。個々の市民がおのれを1つの部品とみなして戦う姿は，古代ギリシャの市民がポリスを離れては存在し得なかったことを示しているといえるでしょう。

Question 03 紀元前

ギリシャ人はどんな生活をしていたの？
～壺絵に見るギリシャ人の生活～

ギリシャの陶器の表面には，神話・伝説の一場面や，人々の日常生活が，鮮やかな色彩で描かれています。それ自体が価値ある美術品というだけでなく，当時のギリシャ人の生活や世界観を理解するための貴重な史料なのです。

（バーリ考古学博物館蔵）

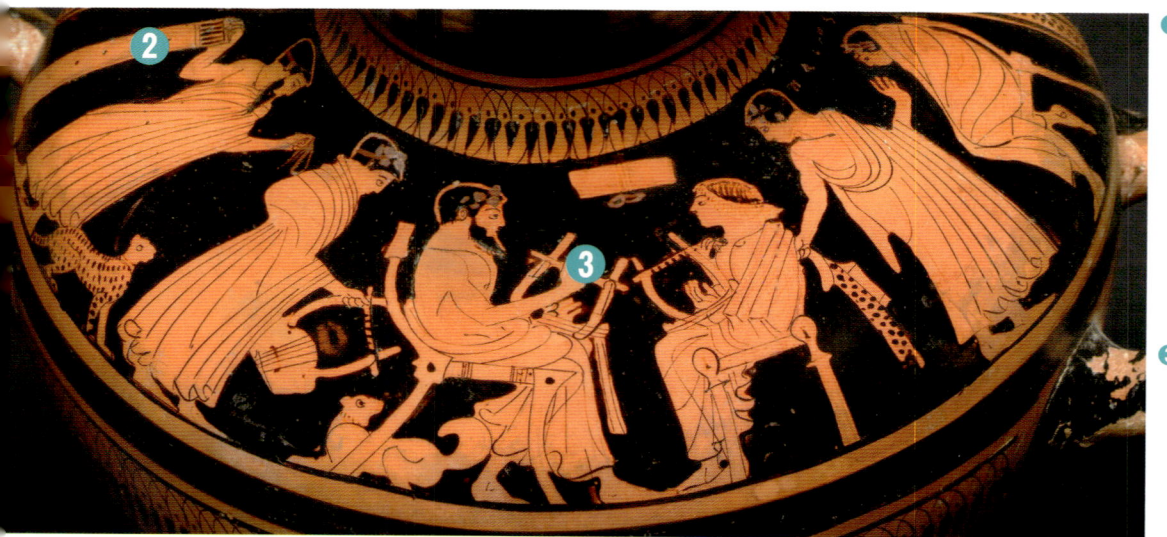

（ロンドン，大英博物館蔵）

❶宴席の人々
古代ギリシャ人の饗宴(きょうえん)は2つの部分から成り立っています。1つは儀式であり，もう1つは酒宴です。酒宴には音楽やら手品やらアクロバット，踊りが行われます。そして知的な談論が行われることもあります。饗宴には女は奴隷しか参加できません。もちろん彼女たちは参加者に給仕をしたり楽しませたりするためにいるのです。

❷音楽の練習
教育は父親が自分で子供に教えるか家庭教師を雇います。教育の内容は読み・書き・算術にならんで体育と文学があります。文学ではホメロスの詩が学ばれます。文学には音楽がつきものです。そして酒宴でもリラ（竪琴）をひく番がまわってきます。

❸図の中央には先生が座り，先生に向かって長椅子の上にいる生徒がリラの演奏を学んでいます。左手に去っていく少年はフルートのケースをもっています。さらにその左で布をまとった人物は自分の番を待っている生徒でしょう。右手のひげをはやした男はつきそってきた奴隷です。

ギリシャ美術を代表するものとしては，ふつう彫刻と建築があげられますが，これらに劣らず重要なのは，陶器とそこに描かれた絵画です。

陶器はアッティカ陶器とよばれ，アテネを中心に製造され，ぶどう酒の容器として使われただけではなく，それ自体が価値ある美術品であり，イタリア・黒海沿岸などにも広く輸出されました。

陶器の表面には神話・伝説や日常生活の寸景などが描かれ，当時のギリシャ人の生活や世界観を具体的に理解するための貴重な史料ともなっています。

ギリシャ本土に南下したアッティカ人によって陶器の製作が始まったのは，前10世紀頃からで，当時は直線・円・波状などの幾何学文様がつけられました。

続いて前8世紀から前6世紀にかけて，多種多様な器形・図柄をもったオリエント風とよばれる陶器が現れました。その名の通り，スフィンクスや有翼獣などの図柄には東方からの影響が見られますが，あくまでギリシャの独自性をもち，次第に人物・動物の文様が主となり，神々や英雄たちが描かれるようになりました。アッティカ陶器がとくに発達をとげたのは前6世紀からといわれています。

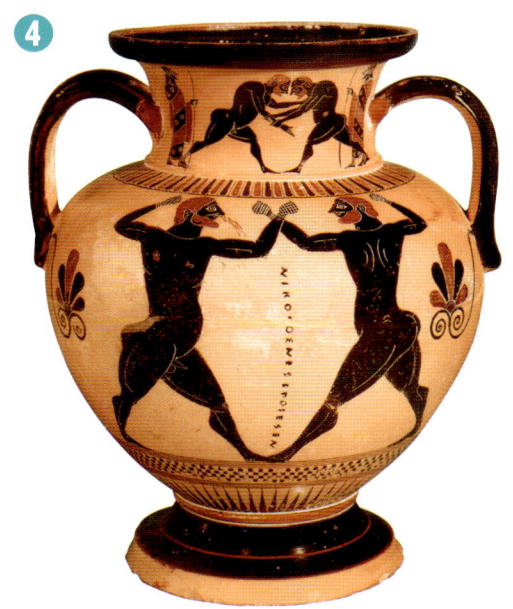

❹ボクシングとレスリング
オリンピアの競技の1種ボクシングは，たがいに素手で殴り合うものでした。相手の頭を中心にねらって殴ります。上部に描かれているのはレスリングの図です。壺絵には赤絵（黒地）と黒絵（地は赤色）がありますが，これは黒絵です。わずかの競技を例外として，競技は裸で行われていました。ギリシャ人は，運動は裸でするのがあたりまえと考えており，ここから肉体的な強さを誇りとし，虚弱な体格を恥とする気風が育まれました。

（ロンドン，大英博物館蔵）

（ロンドン，大英博物館蔵）

（ローマ，ヴィルラジュリア博物館蔵）

❺オリーヴを収穫する人々（黒絵）
1人が木に登って揺すり，2人が棒でたたき落とし，1人がかごに拾い集めています。オリーヴ油は食用，燈火用，また皮膚に塗るために重要でした。オリーヴは女神アテナの木とされ，枝葉は勝利と平和を象徴しました。

❻水瓶を運ぶ女性たち（黒絵）
女性たちが水瓶を頭にのせて運んでいます。
地中海性気候で河川の少ないギリシャでは，日常生活でも水を確保することは重要な仕事でした。

11

Question 04 紀元前

ギリシャ彫刻にはどんなものがあるのだろう？
〜ギリシャ彫刻〜

ギリシャ彫刻は，人体を驚くほど巧みな描写で表現しています。前5世紀の彫刻家ミュロンが製作した「円盤を投げる人」は，躍動する筋肉の一瞬を見事に切りとっており，いまにも動き出しそうに見えます。

（ロンドン，大英博物館蔵）

アテナの誕生（東側破風(はふ)）
パルテノン神殿の彫刻のテーマはすべてアテネの人々に特に関係しています。女神アテナの誕生（東側破風），アテナとポセイドンの領地争い（西側の三角破風），ギリシャ人とアマゾネスの争いなどがそれにあたります。本図の彫刻群の右側の2つが三角破風の中央で，その部分にはアテナの誕生をあらわす彫像がありました。
❶女神イリス：アテナ誕生の吉報をもって走る女神イリス。
❷ペルセポーネとデメテル：女神イリスの左でアテナ誕生の知らせを待つ2人の女神。
❸ディオニュソス：2人の女神につづいてさらに左に本図の男の神がいます。彼は獣の皮を敷いた岩の上に片肘をついて横たわり，太陽神ヘリオスの四頭だての馬車が波間にあらわれる太陽の方に目を向けています。破風中央に起こったアテナ誕生の知らせはまだ彼のところに届いていないようです。
❹ヘリオスの四頭だての馬車

古代アテネは前5世紀中頃に最盛期をむかえました。それは古代ギリシャの黄金時代でもありましたが、アテネでは指導者ペリクレスのもと、彫刻家フィディアスの監督下にペルシャ戦争で破壊されたアクロポリスの諸神殿の再建がなされたのです。その神殿のなかでももっとも貴重なものがパルテノンでした。

彫刻では、理想的な人体の美が追及されました。5世紀のアテネの最盛期には、「アテナ女神像」をつくったフェイディアスや、「円盤投げ」のミュロンが活動しました。そして前4世紀では、「ヘルメス像」をつくったプラクシテレスが名高い。もっとも有名な彫刻「ミロのビーナス」は次のヘレニズム時代（前330～前30）の作品ですが、ギリシャ古典期（前450～前330）のギリシャ彫刻同様の美しさに満ちています。

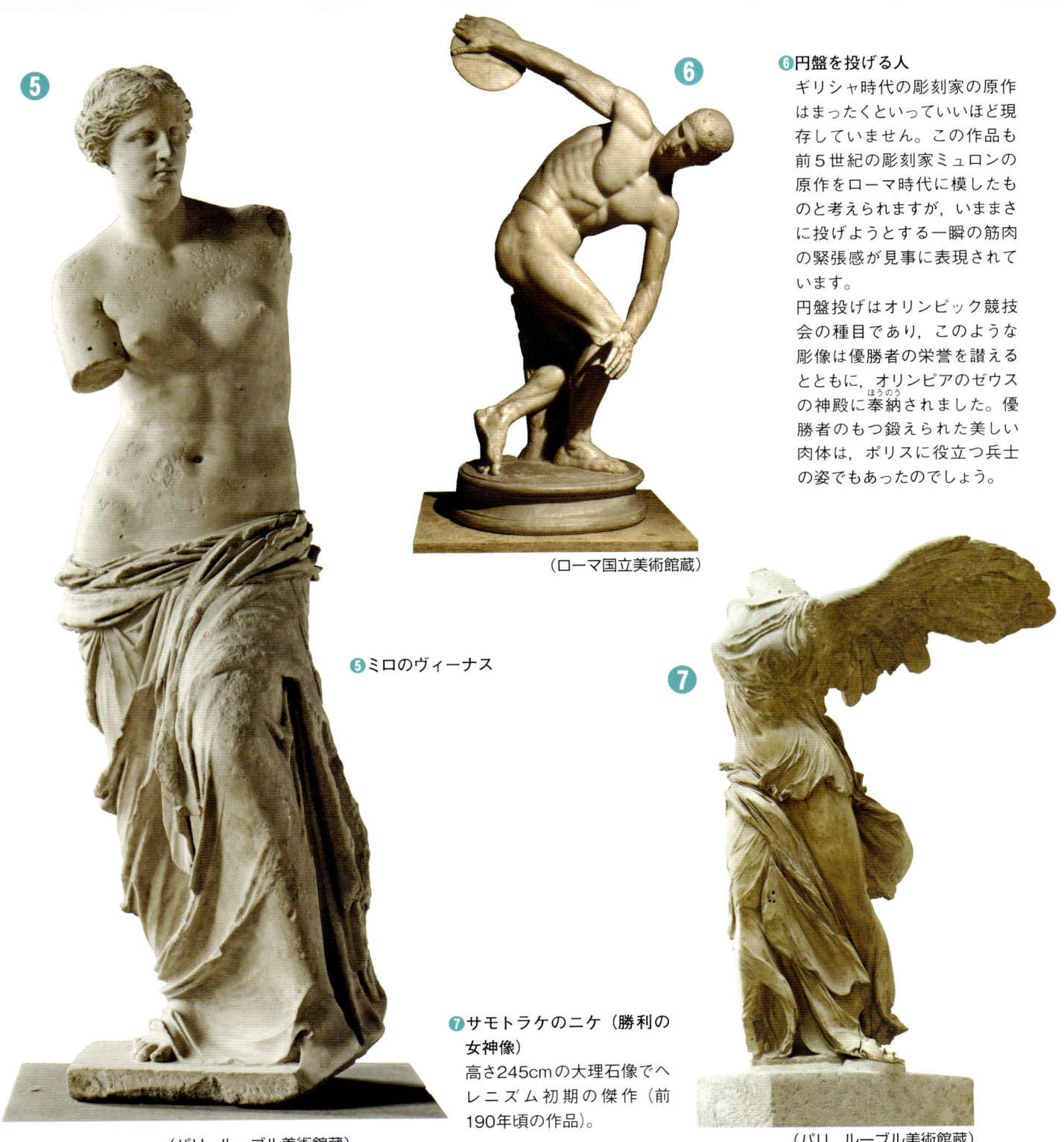

❺ミロのヴィーナス
（パリ, ルーブル美術館蔵）

❻円盤を投げる人
ギリシャ時代の彫刻家の原作はまったくといっていいほど現存していません。この作品も前5世紀の彫刻家ミュロンの原作をローマ時代に模したものと考えられますが、いままさに投げようとする一瞬の筋肉の緊張感が見事に表現されています。
円盤投げはオリンピック競技会の種目であり、このような彫像は優勝者の栄誉を讃えるとともに、オリンピアのゼウスの神殿に奉納されました。優勝者のもつ鍛えられた美しい肉体は、ポリスに役立つ兵士の姿でもあったのでしょう。
（ローマ国立美術館蔵）

❼サモトラケのニケ（勝利の女神像）
高さ245cmの大理石像でヘレニズム初期の傑作（前190年頃の作品）。
（パリ, ルーブル美術館蔵）

Question 05 紀元前

アレクサンドロス大王はどこにいるの？
～イッソスの戦い～

2つの軍勢が衝突する中，壁画の左寄りの位置にいるアレクサンドロス大王は，戦車上のダレイオス3世に迫っています。この戦いに勝利したマケドニア・ギリシャ連合軍は，ペルシャを滅亡へと追いやりました。

❶ ポンペイの「牧羊神の家」で発見されたモザイク画
　前3世紀初頭にギリシャ人が描いた原画を，1世紀頃ローマ人が模写したものとされています。大きさは，縦3.42m，横5.29m。
❷ アレクサンドロス大王：軍の先頭に立ち，敵王に肉薄しています。動きが自由なように金属片を連ねた鎧で身を固めています。しかし甲はつけず，勇敢ぶりを示しています。
❸ 愛馬ケファルス
❹ アレクサンドロスの槍で腹部を貫かれたペルシャ兵。自分の槍は落としており，馬も倒れています。

前333年秋，アマヌス山脈と海にはさまれた狭隘の地にあるイッソスで，アレクサンドロス軍とダレイオス3世軍はついに激突しました。

ポンペイで発見された壁画にはこの戦いの場面が描かれています。これはギリシャの絵をローマ時代に模写したモザイク画で，馬にまたがったアレクサンドロスが戦車上のダレイオス3世に肉薄しているところです。この絵のように彼は軍の先頭にたって奮戦し，腿に刀傷を受けたがひるみませんでした。ダレイオスは慌てて逃げ出し，同伴してきた王妃・母・王女を置き去りにしたほどでした。

王の逃亡で総崩れとなったペルシャ軍の陣営には多数の戦利品が残されていました。これらを見てアレクサンドロスは「なるほど，これが王の暮らしというものだな」と述べたといいます。捕らえられた王妃・母・王女には丁重な待遇が与えられました。

この戦いののち，ペルシャはユーフラテス川以西の全領土と巨額の償金を条件に講和を申し出ましたが，全アジアの主を自称するアレクサンドロスはこれを拒否したのです。そしてシリア・エジプトへと遠征を進めたあと，ついにペルシャを滅亡にむかわせたのです。

（ナポリ国立考古学博物館蔵）

❺ダレイオス3世：恐怖の表情で，まさに逃げようとしています。乗っているのは豪華な戦車。さしのべた右手は倒れた部下への憐憫の情を示しているといわれています。
❻従者：あわてて馬に鞭をあて，逃げようとしています。
❼荒れ狂う馬を必死に立て直そうとしているペルシャ兵。
❽ペルシャ兵：戦意を喪失し，総崩れ寸前になっています。
❾落馬して負傷したペルシャ兵：剣を落としています。
❿戦車を引く馬：馬も乱れ，別々の方向に走り出そうとしています。

Question 06 紀元前

帝都ローマの中心地はどこにあるの？
～帝都ローマ～

ローマの宗教や政治の中心地となったのは、フォロ=ロマーノ（ローマの大広場）です。この整備された公共広場には、神殿・法廷・行政府などがあつまり、市民たちの公生活の場として機能していたのです。

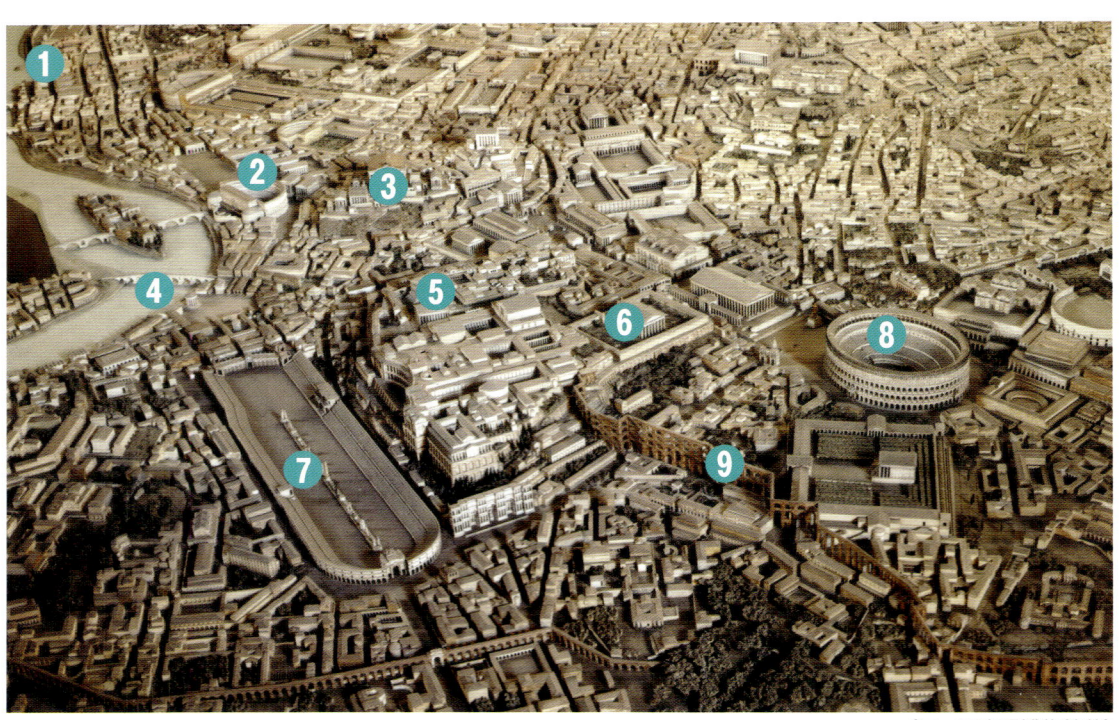

（ローマ文明博物館蔵）

❶帝政期ローマの復元模型（ローマ文明博物館に展示）
❷マルケス劇場：収容人員1万3500人。
❸カピトルの丘：頂上にはユピテル神殿が建っています。
❹テヴェレ川
❺パラティヌスの丘
❻フォロ=ロマーノ
❼大競技場（キルクス=マクシムス）：長さ750m、幅250m、収容人員約15万人
❽コロセウム（右ページ）
❾アッピア水道：現在も使用されています。

❿カラカラ浴場跡と復元図

テヴェレ河畔の七つの丘を基盤とする都市国家から発したローマは，やがて世界帝国に躍進しましたが，ローマ市も帝国の首都として発展を続けました。もっとも，市街が美しく整備され，人口100万を数える巨大都市となったのは帝政初期のことで，アウグストゥスは"余はレンガのローマを大理石のローマにした"と誇ったといいます。

　このローマの宗教・政治上の中心となったのが，フォロ=ロマーノ（ローマの大広場）です。パラティヌスの丘とカピトルの丘に囲まれた低地を整備して公共広場としたもので，神殿・法廷・元老院議場・行政府・商館などが立ち並び，政治家・官吏・商人はもとより，一般市民の公生活の場として活気に満ちていました。

　消費都市たるローマには各地からさまざまな商品が搬入され，それを扱う商店や市場は終日にぎわい，また加工する職人の店も多くありました。市民の住宅は，一般大衆の住むアパートと富裕市民の住む大邸宅とに分かれており，全体として住民の密集度の高い都市でした。

　これら古代ローマの建造物は石造りが多く，またこの都市が教皇庁の所在地となったこともあってよく保存され，往時の面影を今に伝えています。

❽コロセウム（80年完成）
長径188m，短径156m，高さ49m
収容人員約5万人
闘技場は木張りの床であったと考えられます。地下には通路・猛獣の檻・雨水溝などがあります。

⓫現在のフォロ=ロマーノ
⓬ティトゥスの凱旋門
⓭マクセンティウスのバシリカ（柱廊からなる公共の建物）
⓮ロムルス神殿
⓯アントニヌスとファスティナ神殿
⓰ヴェスタの巫女の家
⓱ヴェスタ神殿
⓲カストルとポルックスの神殿
⓳聖なる道
⓴ユリウスのバシリカ

Question 07 ローマ人はどんな暮らしをしていたの？
～ローマ人の生活～

紀元前

一日の間に何度もくりかえされる饗宴に舌鼓をうち，浴場でくつろぐ。ときには皇帝らの主催する戦車レースや剣闘士試合などの見世物に熱狂する。これが多くのローマ市民の一日でした。

（オスティア・アンティカ）

（ナポリ国立考古学博物館蔵）

❶穀物の無料配布：戦争と属州支配により，各地の富を吸収したローマでは，「パンとサーカス（見世物）」とよばれる生活が営まれました。本図は，市民に無料で穀物が配布されているところです。

❷饗宴：ローマ人の饗宴は，普通ソファに寝ながら行われました。1回2時間以上の宴会を1日何度も，ときには8度もこなした有力者も多く，そのためには絶えざる吐瀉が必要で，それには鳥の羽や球根などが用いられました。吐くことが次の宴への準備という食欲に驚かされます。ローマの哲学者セネカは，"食べるために吐き，吐くために食べているのだ"と表現しています。

（カタルーニャ考古学博物館蔵）

（© ワーナーブラザーズ）

❸戦車レース：戦車レースは2頭立て，4頭立てで行われ，各戦車は一斉にスタートし，コースを7周します。御者の主力は4チームのいずれかに所属するプロで，その多くは奴隷でした。ネロ帝やマルクス＝アウレリウス帝の子コンモドス帝は自ら騎手としてレースに参加したことがあります。

❹映画「ベンハー」の戦車レースのシーン：1960年，日本公開。主演チャールストン＝ヘストン。

帝政期ローマの支配層は，最上層に位置する元老院議員，そのつぎに位置して皇帝に任命されて役人にもなる騎士，そしてローマ市民権をもつ地方都市の参事会議員でした。

　古代ギリシャとは異なり，ローマ市民は治める者と治められる一般民衆とに画然と分かれ，一般市民は上層市民（の支配をうけ入れたが，その代わりに皇帝や都市の名士）が提供する「パンとサーカス」を享受しました。ここでの「パン」は，民衆への穀物の配給を意味します。ローマ市には没落した多くの無産市民がいて，無料給付をうけたローマの市民数は，帝政以降およそ20万人にもおよびました。「サーカス」とは見世物のことで，皇帝らの主催する見世物は最大の楽しみに属し，市民は大挙して闘技場やレース場へ向かいました。見世物には，戦車レース・剣闘士試合・模擬海戦などがありました。都市ローマの無産市民の一日は，まず保護者となっている有力者のもとへ挨拶にいき，ついで広場へいきました。昼食後に午餐をとると，夕食まで体育館へ行ったり，浴場に出かけたりしたのです。

（トリポリ考古学博物館蔵）

❺ **動物どうしの闘い（モザイク画）**：鎖でつなぎあわされた2匹の動物，熊と牛が闘っています。カギのついた棒をもった男は動物をけしかけたり，引き離したりする役の奴隷です。左手で髪の毛をつかまれているのは，つぎに出演する黒人奴隷です。

❻ **剣闘士奴隷と野獣の闘い**：古代ローマ人は奴隷を剣闘士にしたて，たがいに闘わせたり，野獣と闘わせたりし，それを見て楽しみました。

（キエーティ国立考古学博物館蔵）

❼ **剣闘士奴隷の闘い（壁画）**
　剣闘士試合の起源は葬礼競技で（エトルリア人の風習を受け継いだもの），ショーとしては前105年がその最初です。まもなく市民の人気を得て，古代世界最大のショースポーツとなりました。剣闘士奴隷はただローマ市民を喜ばすという理由だけで，トラキア風，ガリア風などといった出身地のスタイルで戦い，多くの観衆にわかりやすくするために血が飛び散らないような防具は身につけることが許されませんでした。一方の剣闘士が傷つき，あきらめて手を伸ばすと戦いは終わり，民衆が死を望み，主催者が親指を下に向けると敗者は咽を切られました。このような死をかけた試合ですが，連戦連勝の剣闘士はヒーロー，スターであり，数多くの肖像画が描かれもしました。

19

Question 08 ポンペイ遺跡はどんな街だったの？
～ポンペイ遺跡～

1世紀

城壁に囲まれた楕円形の市街地に，劇場や闘技場があつまる南部の三角広場。さまざまな生活用品や設備。ヴェスヴィオス火山の噴火によって埋没したポンペイ遺跡は，当時の様子を現在に伝える貴重な歴史の宝庫といえます。

❶市の南部（三角広場付近）
❷スタビア浴場：施設の最もよい公共浴場でした。男女別の微温風呂・冷水風呂・蒸気風呂があります。中央に運動場もあります。
❸住宅地：前5世紀から紀元1世紀にかけての住宅があります。建材は石灰岩・凝灰岩・モルタルなどが使われています。
❹三角広場
❺大劇場：野外劇場，収容人員約5.4万人。
❻パレストラ運動場
❼小劇場：屋根つき，収容人員約4万人。
❽ヴェスビオス火山とポンペイ遺跡

ヴェスヴィオス火山の麓に位置し，ナポリ湾をのぞむ地方都市ポンペイは，ギリシャ植民地時代から開け，幾多の変遷を重ねたあと，紀元前後には，ローマの地方商業都市として，また富豪の別荘地として繁栄し，人口も1万5000人ほどを擁していました。

　ところが，79年8月24日，突如ヴェスヴィオス火山が黒煙を吹き上げ，ポンペイには火山灰が降りそそぎ，溶岩が流れ込みました。大部分の市民は避難できましたが，2000人ほどの死者を出し，その中には，たまたま付近にいて惨事に巻き込まれたプリニウス（有名なローマの将軍・政治家）も含まれていました。

　この結果，ポンペイ市街は完全に埋没し，やがて忘れ去られてしまいました。その遺跡が知られるようになったのは18世紀になってからで，19世紀後半から本格的な発掘調査が始まり，今なお進行中です。1つの都市が繁栄のさなかに丸ごと失われるというのは他に例がなく，この遺跡は生きていた都市と市民生活の様子を現在に伝える貴重な歴史財産となっています。たんに建物だけではなく，さまざまな生活用品や設備などが使用されていた状態で出土されており，まさに歴史の宝庫といえます。

❾ **市の西部（公共広場付近）**
❿ マッケルム：日常品のマーケット
⓫ エウマキア：同業組合会館
⓬ コミティウム：選挙投票所
⓭ 市政ホール
⓮ バシリカ：裁判などさまざまな用途に使用。
⓯ 公共広場：南北161m，東西47m。周囲に列柱廊があります。
⓰ カピトリウム：ジュピター，ジュノー，ミネルバの3神を祭っています。
⓱ アポロ神殿

⓲ **街路**
⓳ 歩道
⓴ 公共井戸
㉑ 車道：切石で舗装してあります。
㉒ 飛び石横断歩道
㉓ 商家・民家

第2章 古代アメリカ文明

Question 09　アステカ王国で行われた儀式は何だろう？
〜アステカ王国〜

14〜16世紀

太陽神をあがめるアステカ族は，神への供物として若く勇敢な捕虜の心臓を捧げる習慣がありました。つねに捕虜を必要としたため，アステカ王国は盛んに征服活動を行っていたことで知られています。

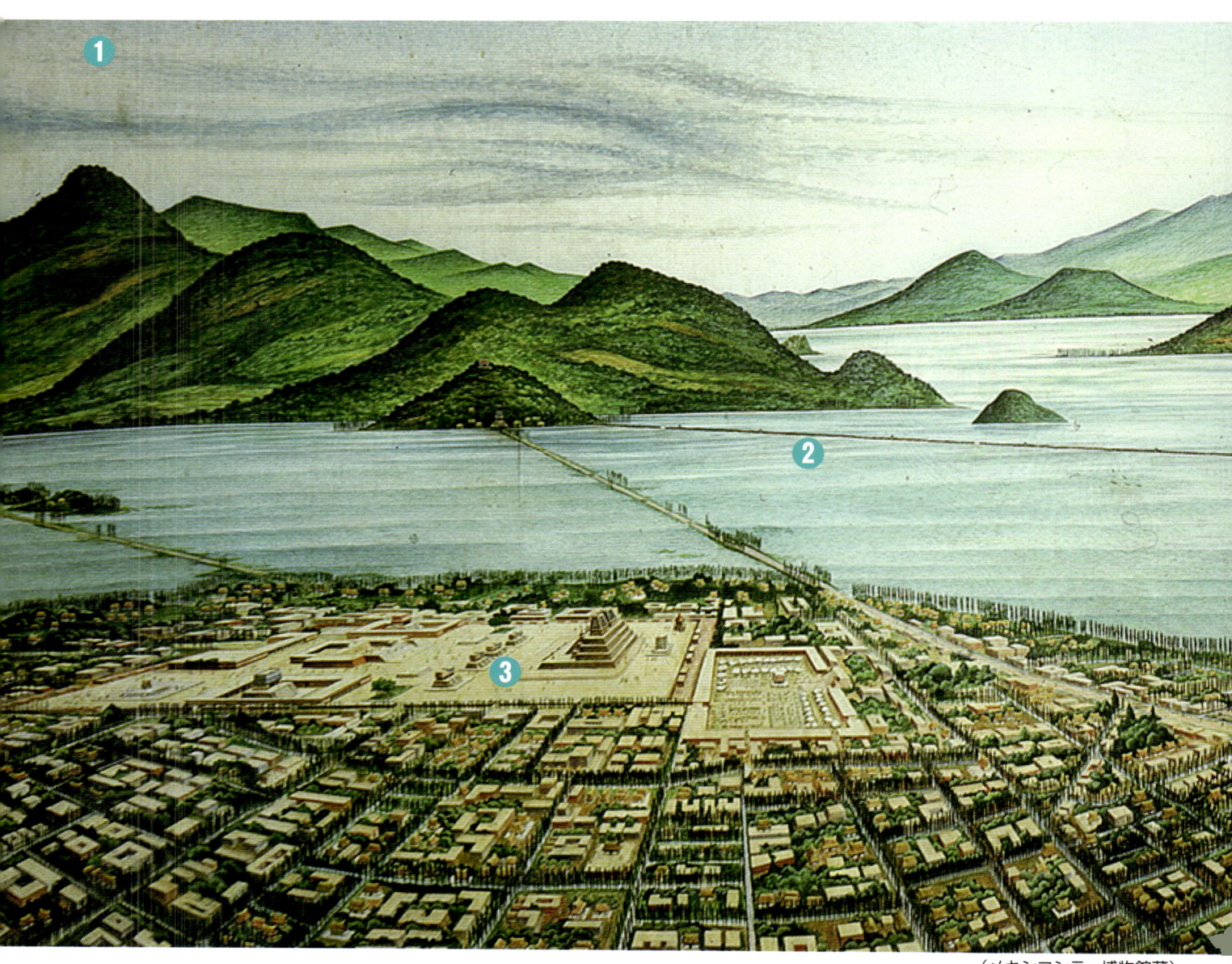

（メキシコシティ博物館蔵）

❶テノチティトランの遺跡（復元図）
❷テスココ湖
❸祭礼センター

16世紀スペインがメキシコに侵入する以前，メキシコ中央高原には，テオティワカン，トゥーラなどいくつかの文明都市が攻防を繰り返していました。15世紀にはテスココの湖中の島に築かれたテノチティトランを首都とするアステカ王国が湖東岸のテスココ王国，西岸のトラコバン王国と三国同盟を結び，メキシコ盆地を征し，メキシコ盆地外への征服活動を進めていました。アステカ族は自分たちのことをメシカ族と称しました。アステカAztecaは彼らの伝説上の起源の地であるアストランAztlanに由来しますが，メシカMexicaはメシトリ神をあがめる人を意味し，現在の国名メキシコMexicoもこの名に由来します。彼らは12世紀初頭にその故郷とされたアストランを離れ，移動の旅を続け，14世紀の前半にテスココ湖の湖中の島テノチティトランに居を定めたとされています。

　アステカ王国の首都テノチティトランは，スペイン人がこの地に来たとき，人口は推定で約30万，湖中の島につくられた美しい大都市でした。巨大な祭礼センターには，数十の神殿がそびえ立ち，その中で最大の神殿メシコ大神殿では神に生け贄を捧げる血なまぐさい儀式が行われていました。

（バーゼル民族学博物館蔵）

❹ ウィツィロポチトリ神：ウィツィロポチトリ神はアステカ族の軍神である太陽神で，勇敢な捕虜の心臓と血をつねに与えられていないと，夜明けにふたたび現れて，生命の源である光を人々に与えることができなくなると考えられました。そこでアステカの首都テノチティトランでは，絶えず人身犠牲がこの神の神殿で捧げられました。

（アメリカ議会図書館蔵）

❺ 人身犠牲：上記のように，アステカ族はウィツィロポチトリ神に生け贄を捧げる習慣をもっていました。そこで，戦利品や租税の取り立てなどによる利益にひかれたのと併せて，ウィツィロポチトリ神に捧げる生け贄を求めるために，アステカ族は盛んに征服活動を展開しました。この絵は生け贄の儀式の様子を描いたものです。浄めをすませた若者が祭壇の上にあおむけになると，神官がナイフで若者の胸を切り開き，血のしたたる心臓をつかみだして神に捧げました。

（ロンドン，大英博物館蔵）
❻ 人身供犠に使われたナイフ

Question 10 アメリカの古代文明はどうやって情報伝達したの？
～アステカ人の絵文書～

14～16世紀

アメリカ古代文明の担い手たちは，まだ文字を使用していませんでした。彼らは交渉と絵文章で彼らの歴史や日常生活に必要なことを伝えたのです。先住メキシコ人の絵文書は，失われた文明を知る貴重な史料です。

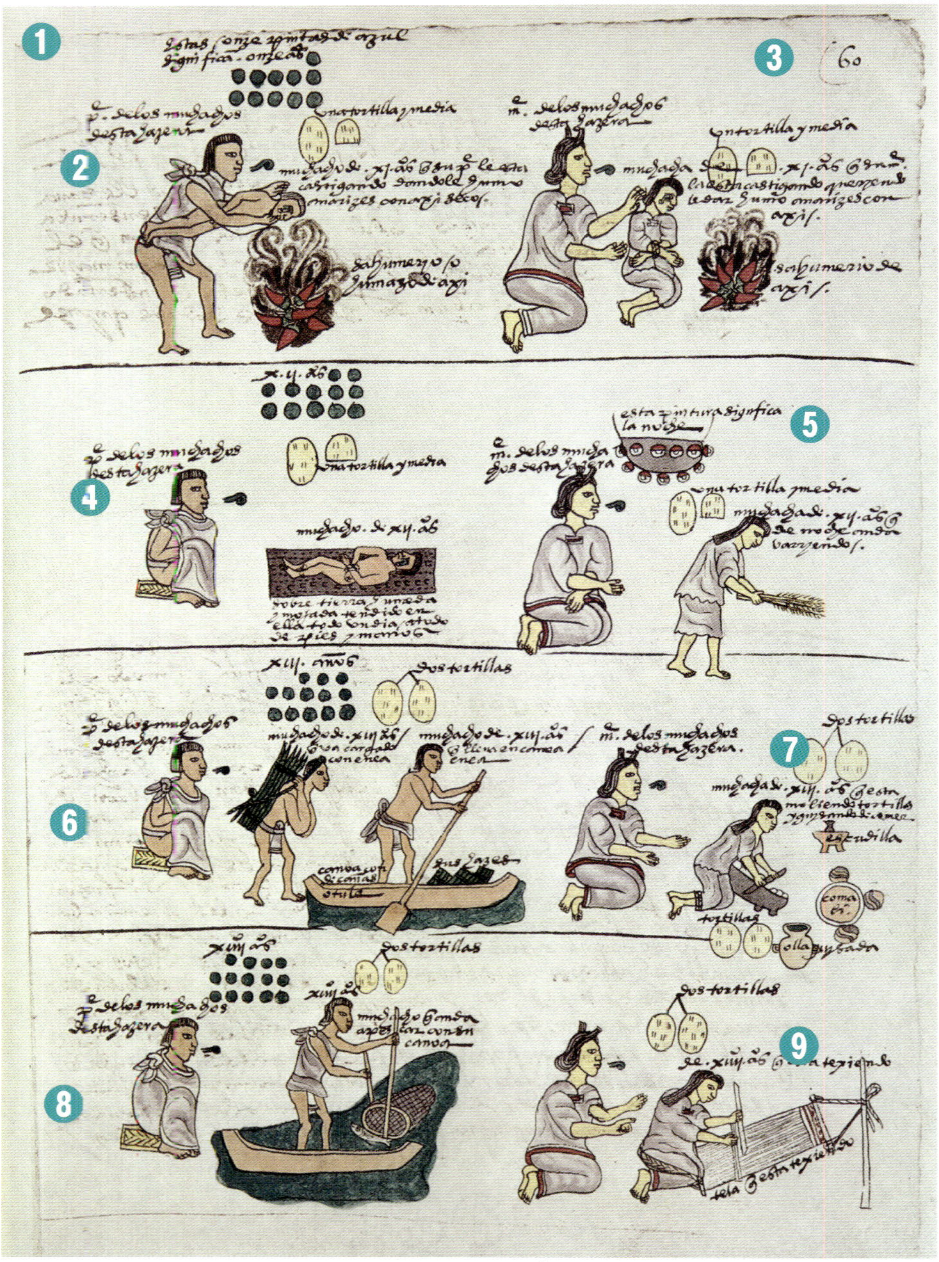

(オクスフォード大学，ボドリアン図書館蔵)

❶ヌエバ・エスパーニャ副王メンドサがカルロス1世に送った**絵文書の報告書**
アステカの子どものしつけについての報告です。絵はアステカ人，説明文はスペイン人宣教師がかきました。

11歳
❷聞き分けのない男の子に煙を吸わせる罰。
❸女の子に煙を見せて，言い聞かせます。

12歳
❹男の子の手足をしばり地面に寝かす罰。
❺女の子に夜中に家を掃除させます。

13歳
❻男の子はカヌーで葦をとりに行きます。
❼女の子は臼でトウモロコシを挽きます。

14歳
❽男の子はカヌーで漁をします。
❾女の子は織物を始めます。

アステカ王国を征服したのがスペインのコンキスタドール（征服者）のコルテスです。彼は1511年キューバ島遠征に加わり，1519年8月アステカ王国征服のため進軍しました。途中アステカ族と敵対するトラスカラ族などを味方に付け，いくつかの戦闘を経て，11月にテノチティトランに入りました。

アステカの王モクテスマ2世は，スペイン人を神の帰還とみなし，迎え入れました。コルテスは王を幽閉し，首都を征しました。翌年4月コルテスは総督ベラスケスが派遣した討伐軍を打ち破り，その兵士の多くを味方に付けました。しかし，この間テノチティトランではアステカ軍の反乱が起こったのです。これが右ページの絵文書です。コルテスは首都奪還をめざしましたがアステカ軍の攻撃の前に首都から撤退しました。1520年7月30日の「悲しき夜」と呼ばれるこの戦闘でスペイン人1000人の死者を出しました。コルテスはトラスカラ地方で軍を立て直し，アステカに敵対する現地インディオの協力を得て，1521年テノチティトランを攻略し，アステカ軍を打ち破りました。ここにアステカ王国は滅亡し，スペインによるメキシコ支配が始まりました。

⑩首都テノチティトランでコルテス軍を攻略するメシカ族（アステカ族）
⑪マリンチェ
⑫メシカ族の戦士
⑬スペイン軍の大砲
⑭コルテスの同盟者のインディオ
⑮コルテス

Question 11 マチュ=ピチュの遺跡はどこにあるの？
～インカ帝国とマチュ=ピチュの遺跡～

14～16世紀

インカ帝国は，15世紀から16世紀初めにかけて，アンデス山脈一帯を支配しました。有名なマチュ=ピチュの遺跡は，標高2500mの急峻な山中にあり，通路や水路がめぐらされた完全な計画都市であったことがうかがえます。

❶マチュ=ピチュの遺跡：この写真の手前は南側で，段々畑（アンデネス）が広がっています。
❷インティワナ（太陽の祭壇）
❸主神殿
❹広場
❺三つ窓の神殿
❻ワイナ=ピチュの峰：裏手には月の神殿があります。
❼居住区
❽王女の宮殿
❾太陽の神殿：石組みは曲線を描いています。

インカ帝国は，15世紀から16世紀初めにかけて，現在のペルー南部高原にあるクスコを中心にアンデス一帯に支配を広げたインディオの大帝国です。インカでは記録のためにキープ（結縄）を用いましたが，最後まで文字を使用しなかったので，彼ら自身で記された歴史を残していません。そのため，スペイン人による詳細な記録文書や考古学上の遺跡・遺物がインカの歴史や文化，生活慣習などを解明する手がかりとなります。

ピサロの率いるスペイン人が侵入したのは，インカ帝国で内乱が起こり，アタワルパ軍がクスコを制圧した直後でした。ピサロは奸計によりアタワルパ王を捕らえました。アタワルパは莫大な身代金を積んだにもかかわらず処刑され（1532），大帝国はもろくも滅びたのです。

首都クスコには，太陽信仰のための諸神殿，皇帝が政治をつかさどる宮殿や公共建造物，貴族・神官・軍事指揮官の住宅，広場，街路が配置されていました。このような都市設計の完全な姿は，1911年に発見された有名なマチュ=ピチュの遺跡にうかがうことができます。ペルー南部の山地，クスコ地方にあるインカ時代の代表的な都市遺跡で，標高2500m余の急峻な山の鞍部にあります。

❿

⓫

⓬

⓭

❿**ジャガイモを植えるインディオ（ポマの絵図）**：古代アメリカ文明では，リャマ・アルパカといった中型の運搬用の家畜はいましたが，牛のような犂を引く大型家畜はいませんでした。そのため犂は発明されず，農耕は原始的な掘棒によって穴をあけ，そこにジャガイモを植えました。

⓫**キープ（ポマの絵図）**：文字のなかったインカ帝国では，これを用いて人口調査や統計，軍隊の人数，穀物倉庫の貯蔵量などを記録していました。キープが読めるのは特殊な専門家で，彼らはそれぞれ宗教・土木・軍事・経済といった分野に分かれて，それぞれが独自の方法でキープをつくり解読しました。キープは各種の長さと色からなる細紐で，本図に見るように1mの主紐に何十本から数百本の支紐を結びつけます。支紐の結び目の位置によって数字を表し，紐の色によって内容を表します。黄金は黄色，銀は白色，軍隊は赤色，穀物は緑色の紐によって表されました。

⓬**王道の視察官（ポマの絵図）**：大帝国の統合には交通機関の整備，情報の迅速な伝達はかかせませんでした。インカ帝国はアンデス山脈の中腹を縦貫する道路網をつくりました。

⓭**橋の視察官（ポマの絵図）**

ポマの絵図：ポマの絵図とよばれる記録の作者，ワマン=ポマはインカの末裔。スペイン人支配下でインディオがどれほどもがき苦しんでいるかを後世に伝える為，これらの出来事を記録する為に放浪の旅を続けました。そして，スペイン統治の記録を残していったのです。この記録が20世紀初頭にドイツ人研究者によって発見され，『新しい記録と良き統治』としてまとめられ刊行されました。目次を含め1179ページから成り，そのうち456ページを挿絵が占めます。

第3章 ヨーロッパ世界の形成

Question 12
聖ヴィターレ聖堂には誰が描かれているの？
～聖ヴィターレ聖堂のモザイク画～

6世紀

ラヴェンナ地方にあるこの聖堂には，ユスティニアヌス帝とその妻テオドラのモザイク画があります。向かい合って配置された2人のモザイク画は，まるでイエスとマリアになぞらえているかのようです。

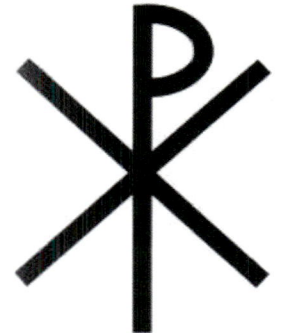

⓫イエスのマーク：兵士の盾に印されたXとPのモノグラム。

❶ユスティニアヌス帝のモザイク画
❷近衛兵：槍と丸い盾を持っています。
❸トーガ（ローマ時代の服）を着た宮廷の男性
❹ベリサリオス？
❺ユスティニアヌス帝
❻大司教マクシミリアヌス
❼聖職者：頭の中央を丸く剃っています。
❽聖血：聖血を寄進することで，神の代理人である皇帝自らのキリスト教への帰依を示します。皇后のテオドラのほうは聖杯を持っています。
❾十字架：ラテン十字の形
❿豪華に装飾された小箱
⓫イエスのマーク（左図参照）
⓬香炉
⓭サンダル
⓮紫色の靴：紫色は，皇帝のその家族にだけ認められていた。

28

左ページの図はサン=ヴィターレ聖堂の祭壇手前にある，皇帝ユスティニアヌスと廷臣たちを描いたモザイク画です。ユスティニアヌス帝が廷臣を従えて礼拝式に参列するこの光景は，さながら宮廷礼拝堂の情景です。描かれているのは非常に背の高い，華奢な体つきの人物像であり，衣服の下に生身の人間の肉体の存在をほとんど感じさせません。全体に運動や変化の暗示は一切慎重に避けられています。これは現世の宮廷というよりは天界の宮廷を思わせるものであり，こうした政治的権威と精神的権威との結合はビザンツ帝国の国家体制の反映といえます。

　右ページの図はユスティニアヌス帝の妃である皇后テオドラと侍女たちを描いたモザイク画で，皇帝ユスティニアヌスのモザイク画に向かい合って置かれています。テオドラは聖餐杯を献じており，テオドラの左には2人の大臣が進み，右側にはつき従う高貴な顔つきの侍女たちがいます。皇帝がイエスになぞらえられているように，テオドラはマリアのようです。というのは，彼女の長衣にはキリスト誕生を祝って宝物を捧げる"東方の三博士"のひざまづいた姿が刺繍されているからです。

⑮ 皇后テオドラのモザイク

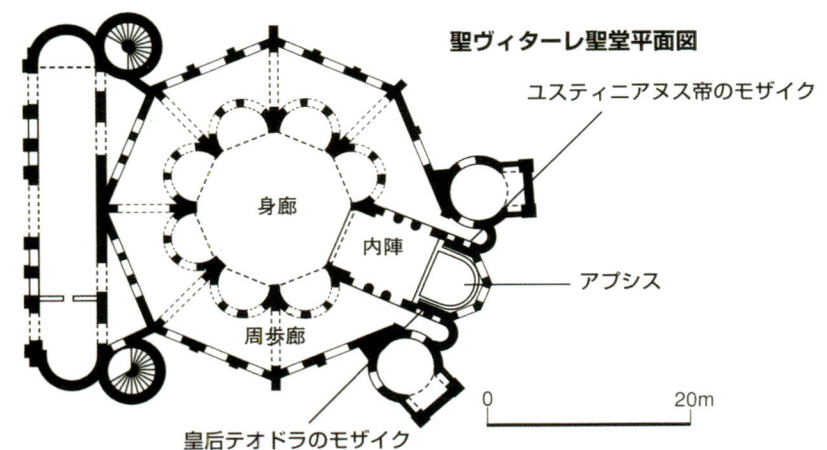

聖ヴィターレ聖堂平面図

ユスティニアヌス帝のモザイク
身廊
内陣
アプシス
周歩廊
0　　20m
皇后テオドラのモザイク

　イタリアのラヴェンナ地方にあるこの聖堂は，規模こそ小さいですがユスティニアヌス帝とその妻テオドラのモザイクがあることで有名です。ここで使われたモザイクは緑・青・赤・白といった艶のある色ガラスのテッセラ（ガラス，石などのモザイク用の方形の小片）をふんだんに使い，乱反射を利用して凹凸上にテッセラを埋め込んであります。この結果アプシスの上下に設けられた彩光窓や側面の窓から入った光によって微妙な輝きと変化を見る人にもたらすのです。

Question 13

ノルマン征服を行ったのは誰だろう？
～ノルマン征服（バイユーのタペストリー）～

11世紀

バイユーのタペストリーは，幅50cm，長さ70mをこえる長大な壁掛けです。ここにはノルマンディー公ウィリアムによるノルマン征服の過程が，さまざまな場面にわけて描かれています。

❶ハロルド王の即位：エドワード王の葬儀の翌日，ハロルドがイングランド王に即位しました。この絵の左半分は，彼が玉座にすわっている様子です。しかし即位の直後，イースターの日に彗星が現れ人々を恐怖させました（図の中央やや右上）。この彗星はハレー彗星ですが，天空現象のしくみを理解しなかった当時の人々にとっては，大変不吉な前兆として受け止められました。驚いた人々のうち1人がハロルドに告げに走っています（図の右側部分）。タペストリーの右下に見えるのは，無人となったノルマン人の船団です。

❷出陣したノルマンディー軍：本図では，船尾の男が舵をとっていますが，舵は当時は右舷に取りつけられていました。馬も乗せられました。出陣は1066年9月28日で，船の総数は750隻，7～8000名でした。船団は上陸すると船の帆をたたみ，兵士は積んできた馬に乗って戦場に向かいました。このとき上陸した軍は東に移り，ヘイスティングズに橋頭堡を確保しました。

❸マストをはずしているところ：ノルマンの船は，マストが取りはずせます。

❹動物文様の縁取り

❺船首や船尾に飾られた竜頭

❻馬を降ろしている。

❼竜

1066年，ノルマンディー公ウィリアムはイングランドを征服しノルマン朝を開きました。ノルマンディーのバイユーに保存されている有名なタペストリー（壁掛け）は，縦幅50ｃｍ，長さ70ｍという長大なもので，麻布地に毛織り糸で刺繍が施されています。征服直後にバイユー司教によって教会装飾用につくられたもので，ノルマン征服が58の場面に描かれています。

　ウィリアムのイングランド征服の正当性を示す根拠として，このタペストリーには，1060年頃エドワード懺悔王の使者としてノルマンディーに渡ったハロルドが，ギー伯に捕らえられ，身代金と引き換えにウィリアムに助けられたこと，さらにハロルドが当時13歳であったウィリアムの娘と婚約をし，エドワード亡きあとウィリアムが王位を継承することを誓約する場面が描かれています。しかし，これが歴史的真実であるかは定かではありません。

　興味深いのは，このタペストリーの中にハレー彗星の刺繍が施されていることです。ヘースティングズの戦いの前の1066年4月にハレー彗星が地球に接近したことは計算上間違いなく，イングランド人は恐らく不吉な予感をもったことでしょう。

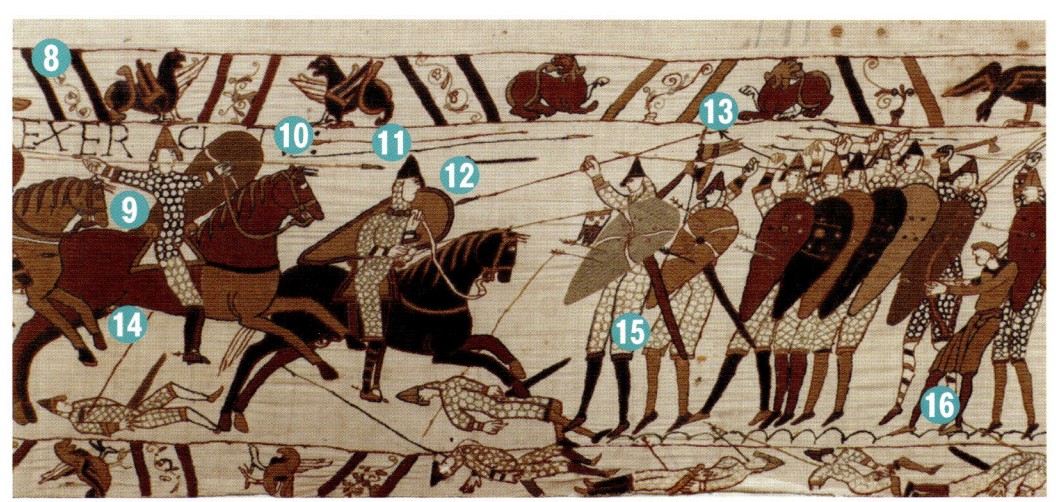

❽アングロサクソンの兵士と戦うノルマンの騎士
❾上下続きの鎖帷子を着ています。
❿槍：柄はトネリコ材でできていたと推測されます。ノルマン側は騎士によって槍の使い方が異なりました（投げる者，突く者など）。
⓫鉄製の穂先
⓬かぶと：金属製で鼻まで覆っています。
⓭戦旗
⓮ノルマンの騎兵
⓯アングロサクソンの歩兵：家中戦士とよばれ，盾で囲み騎士の突入を防ぎました。
⓰アングロサクソンの弓兵：鎧かぶとを着けていません。

⓱ハロルド王の死：ハロルド王が目につき刺さった矢を引き抜こうとしている光景が右側にあります。王はこの傷が致命傷となって死に，戦いは終わりました。上にはラテン語で"ハロルド王死す"と書かれています。

Question 14

11～13世紀

中世の騎士はどんな生活をおくっていたのかな？
〜騎士身分の生活〜

中世ヨーロッパ社会は祈る人・戦う人・働く人から成り立っていましたが，王・諸侯・騎士ら戦う人はすべて騎士身分です。彼らの生活は，いうまでもなく戦闘を中心に考えられていました。

❶馬に乗った騎士：ベルギーでの祭りの行列に参加した騎士です。

❷10世紀以降の特徴をもつ城

（シエナ，プッブリコ宮殿蔵）

中世盛期である11〜13世紀の代表的な封建領主（諸侯）は，いくつかの村をふくむ領域を一円的に支配する城主であり，その他の小荘園領主は騎士としてこれに仕えました。城主は村人たちを外敵から守るかわりに，裁判権に服させて貢租や賦役を負担させ，水車，パン焼き釜，ぶどう絞り器などを独占し，村人からその使用料をえたのです。領主直営地は必要でなくなり，直営地での賦役は廃止され，代わって農民は荘園領主に生産物で年貢を納めるようになりました。

　9世紀末までは，城塞や砦は王権の領地支配のための道具でした。しかしこの頃から，君主の厳禁に抗して，それらは領主権を主張する象徴となりました。中世盛期の典型的な領主である城主が支配する地域はせまいもので，城から半径10キロほどの範囲でした。城も後代の火砲が普及した時代とはことなり，小さな山城で，城の住人は城主家族と後詰めの騎士たちと使用人でした。

　城塞は10世紀以降，北ヨーロッパの田園風景に特徴的な要素となりました。ついで，望楼と城壁といった何よりもまず農村防衛の機能を担い，農民たちは危険が迫ると城内に逃げこむことができました。

❸ 狩猟：騎士は，戦時に備える訓練を兼ねて余暇にイノシシ，牡鹿，鷹などの狩りを行いました。狩猟場が設定され，農民たちの狩りは禁止されました。狩りは騎士にとって楽しみであり，訓練となり，また肉を得られるという一石三鳥であったともいえます。

（フランス国立図書館蔵）

（シャルトル大聖堂）

（ハイデルベルク大学図書館蔵）

❹ 馬上試合：狩りのほかトーナメントも好まれ，これには1対1と団体戦がありました。前者は馬上試合で，たがいをめがけて走りより，相手を槍先で突いて鞍から落とすもので，突き方にはこの絵のように相手の盾の中央を突くのと，のど元を突く（この場合は相手は気絶します）方法とがありました。後者は槍と剣に刃こそつけないものの，実戦さながらの大掛かりなもので，捕虜になった場合の身代金の額さえ取り決められました。もっとも勇敢で秀でた戦いぶりをした者が優勝者に選ばれました。

❺ 貴婦人から褒美をもらう：トーナメントはいわば騎士道の華であり，主君や貴婦人の臨席のもとで行われ，勝利の栄誉は貴婦人に捧げられました。騎士の娘たちは読み書きや竪琴などをならいました。だれかの騎士と結婚してからは城主婦人としての生活がはじまりますが，これは概して退屈なもので，彼女たちにとっても気分転換になったのがトーナメントでした。

Question 15 ベリー公の時禱書には何が描かれていたのかな？
～ベリー公の豪華時禱書に見る農民の生活～

14世紀

ベリー公はフランス王ジャン2世（位1350～64）の第3王子です。この15世紀初頭につくられた時禱書（カレンダー）には，中世末期の大諸侯と農民たちの12か月の生活ぶりが美しい色彩で描かれています。

（シャンティイ城コンデ美術館蔵）

❶ 3月　畑の耕作とぶどうの樹の手入れ
❷ 双魚宮（魚座）
❸ 太陽の馬車
❹ 白羊宮（牡羊座）
❺ 羊
❻ 羊飼い：羊の群に草を食べさせています。
❼ 牧羊犬
❽ 牧草地
❾ ぶどう畑
❿ リュシニヤン城
⓫ モンジュワ：人の入れる監視所。城への道しるべともなっている。
⓬ 剪定して枝を整えている農民
⓭ 畑で種まきの用意をしている農民
⓮ 2頭の牛
⓯ 重量有輪犂
⓰ 地条：重量有輪犂は反転しにくいので，このような細長い短冊状の耕地となります。
⓱ 畑を耕す農民：根を掘り起こして土を入れ替えています。

フランス王シャルル5世の弟ベリー公ジャンは、美術のパトロンとして、また蔵書家として著名な人物でした。彼の職人たちが何か月もかけて神経を磨り減らしながら1409年完成させたのが、この時禱書です。大きさは縦40cm横30cmで、上質の犢皮紙が126枚も用意された点が注目され、しかもその装飾は繊細で華麗、中世美術の極致を表しています。この書物の全体の構成は、ネーデルラントの画家であるジャクマール＝ド＝エタンによって考案されたと推測されています。

　左ページの図は「畑の耕作とぶどうの樹の手入れ」で3月の場面です。この絵は中央下部に表現されている2頭の牛を使った重量有輪犂の紹介のためにしばしば利用されます。有輪犂は牛・馬・ロバ・ラバなどの牽引動物によって駆動された耕作器具であり、北ヨーロッパでその使用が普及したのは中世になってからです。

　また、中世のヨーロッパの農業では、耕作地全体を3区分する三圃制農法が行われていました。従来の農法に比較して収穫量や品質を高めて、農業の生産性を向上させるとともに、農民を取り囲む労働条件や社会条件を変革しました。

⑱ **7月**：7月の重要な仕事は小麦の刈り入れと羊の毛の刈り込みです。この絵の左側では、農夫が西洋風の鎌で麦を刈り、手前では女性が特殊なハサミを用いて羊の毛を刈っています。

⑲ **9月**：9月はぶどうを摘み取る季節です。

⑳ **10月**：この絵は種まきの様子です。種をまいている人物は右の方にいて見えません。馬に乗っている人は、まいた種に土をかぶせる作業しています。手前でははやくも鳥がきて種をついばみ、後ろの方には弓をもった案山子（かかし）が見えます。

㉑ **11月**：男がカシの木に棒をぶつけてドングリを落とし、豚に食べさせています。こうして晩秋に丸々と太らせた豚を12月に殺し、保存のため肉を塩漬けにします。左下端のかしこそうな顔をした犬はモロッソ犬で、家畜の番犬でした。

Question 16

10～14世紀

市民たちの生活に深くかかわったものは何だろう？
～中世都市と市民の生活～

中世ヨーロッパにおいては，その衣服が社会的指示機能を持っていました。中世期の人々は生まれてから死ぬまで，特定の身分や団体に必ず帰属することを強制されていたので，衣服によってそれを明示していたのです。

❶ブレーメンの市庁舎

❷ロンドン
荷揚げ風景：外洋からテームズ川に入った比較的大きな船から積み荷を降ろしています。左の小さな船は河川交通のためのものです。

（オックスフォード大学 ボドリアン図書館蔵）

都市に住む住民にとって大切な公共建築物は市場の近くに建設され，市民が政治的決定権を獲得することで市民会館（市庁舎）ができました。この会館には地下にワインの貯蔵所があったり（現在は一般的になった市庁舎のワイン酒場の前身），1階には繊維会館や裁判所あるいは商取引場，2階には大会議室などが設置されたりしました。しかし市民の自由が次第に確保され，その象徴として市庁舎は単なる市民会館から脱皮して内部も外部も派手な装飾に飾られた豪華な建物へと変身しました。市庁舎には市の紋章と市参事会が管理していた標準計量検定器が備え付けられました。

　中世ヨーロッパの道路網は現在の形とは大きく異なり，脇道または獣道程度のものが多くみられました。それはその地の領主が通行税を取るためにつくったものであり，橋や浅瀬，都市を通るたびに課せられる通行税は商品の輸送コストを押し上げました。家畜繋駕法改良後の一般的陸送の方法は，4頭立ての馬車で4トンの積み荷を時速4km程度で運ぶのが一般的でした。このため大量の物資の輸送は海上交通または河川交通に頼っていました。

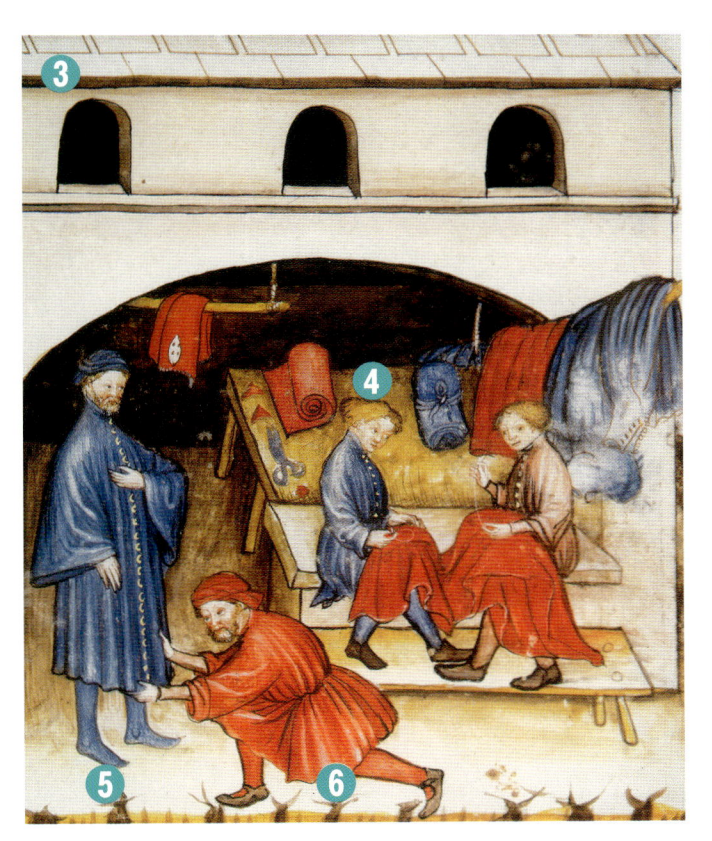

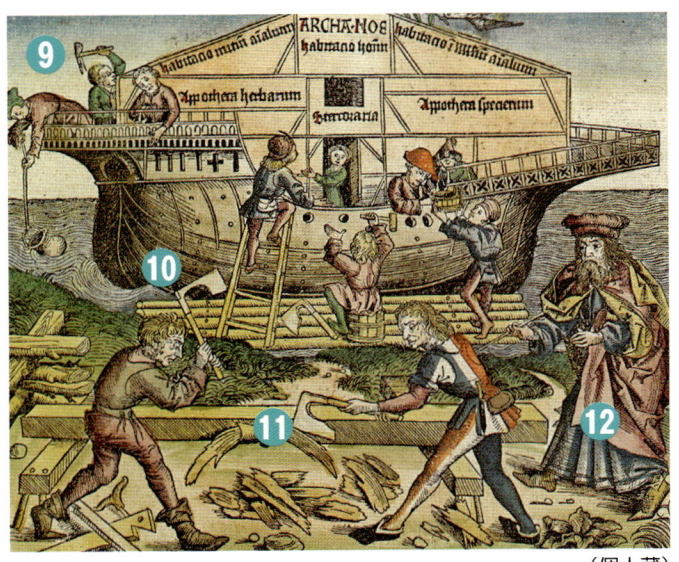

（個人蔵）

❸仕立屋
❹中世に流行した縁なし帽子：暖房が不完全であったため，頭の防寒になりました。
❺先のとがった靴
❻ワンピース形の短衣

❼パン屋
❽頭巾

❾船の建造
❿仕上げ用の斧
⓫荒かんな
⓬棟梁

Question 17

12世紀

シャルトル大聖堂はどんな建物なのかな？
～シャルトル大聖堂～

ばら窓と3つのランセット，そして聖母マリアのステンドグラス。フランスのパリの南にあるシャルトル大聖堂は，世界で最も美しいステンドグラスをもつとされるゴシック式聖堂です。

❶正面（西側）：これは西側入口の写真ですが，聖堂はすべて祭壇がイェルサレム方向，つまり東を向くように設計されているため，主入口は西側入口となります。そしてこの写真のように，通常西側入口の上部にはステンドグラスをはめ込んだばら窓とランセットがあります。

中世ヨーロッパの美術は，キリスト教の教会建築を中心に発展しました。聖堂には，さまざまなところに彫刻が刻まれ，また絵画が描かれて，キリスト教の教えを目に見える形で人びとに示していました。西ヨーロッパの教会建築は，初めはビザンツ式の模倣で素材はレンガでしたが，1000年ごろからロマネスク式の大規模な石造建築がはじまりました。

　12世紀中ごろになると，尖頭アーチなどによる垂直感の強調や，大きくなった窓のステンドグラスなどを特色とするゴシック式に発展していきました。そして彫刻・絵画は象徴的なロマネスク式から写実的なゴシック式に変化したのです。ゴシック式大聖堂を代表するのが，フランス北部のランス大聖堂，シャルトル大聖堂，アミアン大聖堂です。

❷**西側ばら窓とランセット**：西側入口の上部にはめ込まれたばら窓と3つのランセットのステンドグラスを内側から撮影したものです。このステンドグラスは西を向いているため夕日のあたる時刻に最も美しく輝き，聖堂内はこの世の世界とは思えない光に照らされることとなります。上部の丸い形の窓がばらの花弁のようなのでばら窓といわれています。シャルトル大聖堂のばら窓のステンドグラスは最後の審判が題材となっています。縦長の3つのランセットとよばれる窓のステンドグラスは，中央がイエスの生涯，右側がキリストの受難と復活をテーマとしています。左側のランセットは"イエッサの樹"とよばれるものです。

❸**聖母マリア**："美しき絵ガラスの聖母"とよばれる最高のできばえのステンドグラスです。1180年頃の製作。青い星のちりばめられた真っ赤な空間を背景に，王冠をかぶり，明るい青色の衣服を着た聖母マリアがひざの上に子イエスを抱いています。頭上には精霊を表す白い鳩，左右にはローソクをもった天使たちがいます。このステンドグラスに見られる青色をシャルトル＝ブルーとよびます。

Question 18 城塞都市カルカソンヌはどこにあるのかな？
～城塞都市カルカソンヌ～

紀元後～

現在のフランス南部のオード県に位置するカルカソンヌは，古代ローマ帝国の時代から存在する城塞でした。街を取り囲んでいる城壁に，かつてのおもかげを見て取ることができます。

❶オード門
❷裁断の塔：2階が法廷でした。
❸伯の城
❹兵舎塔
❺マジョル塔
❻大井戸
❼空濠
❽劇場
❾サン=ナゼール聖堂
❿空濠：騎兵の馬の調教や野試合が行われたとされます。
⓫外壁：フランス国王の城になってから造営されました。規格化されています。

伝説によるとこの都市の名前の由来は次の通りです。カール大帝がこの地を征服するためにこの城を包囲したときカルカスという女性が一計を案じました。最後の食料を豚に食わせ，城壁から包囲軍に落としたのです。豚の腹が裂けて中から穀物が散乱したことで，包囲軍は食料がまだ豊富にあると推測して占領をあきらめて撤退しました。これを祝って「カルカスは凱歌を吹奏させた」つまり「カルカスが吹き鳴らす（カルカス-ソンヌ）」になったといわれています。

　この伝説はカール大帝の攻撃の事実がないことや，それ以前からこのカルカソンヌの名称があったことから，あくまでも言い伝えでしかありませんが，カルカソンヌの住民に伝承され続けています。

　カルカソンヌははじめにガリア（ケルト）人が，その後ローマ帝国が現在の内壁で囲まれている部分を城塞として建設し，民族移動期には西ゴートがこの城を補強しました。12世紀になって中央の「伯の城」などが強化され，13世紀初頭まではトランカヴェル家の支配下で，その黄金時代を迎えました。その後，フランス国王の南フランス制圧のための軍事拠点としてさらに改修が加えられました。

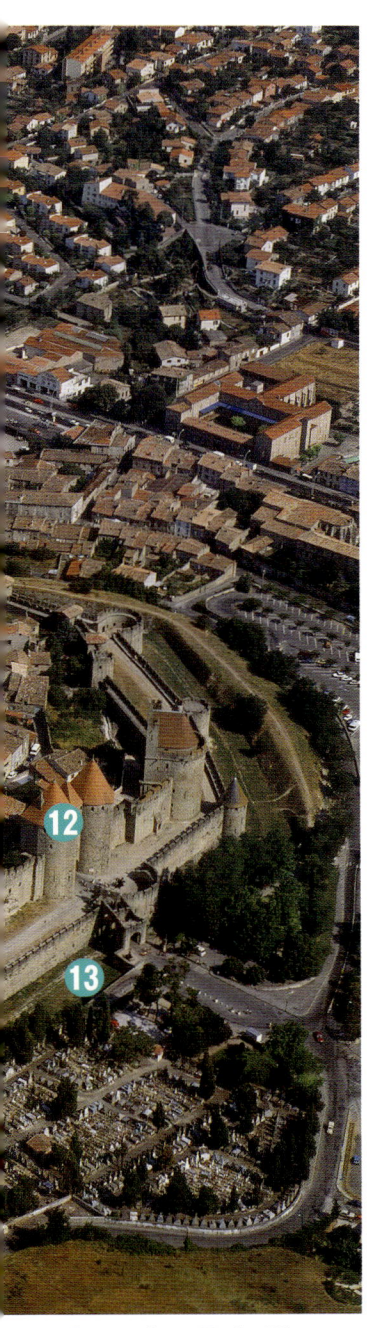

⑫ナルボンヌ門（正門）
⑬前門

⑭カルカッソンヌ内オード門から城を見あげる。

Question 19

百年戦争でフランスを救ったのは誰？
～百年戦争～

14～15世紀

はじめはイギリスが百年戦争を有利に進めていましたが、ジャンヌ＝ダルクの登場が戦況を一変させました。オルレアンを解放することに成功し、フランスを勝利に導いた人物として、その名を知られています。

（フランス国立図書館蔵）

❶クレシーの戦い（1346年）
❷フランスの紋章
❸「センドニ」と記された旗
❹イギリスの紋章
❺敗走するフランス軍
❻イングランド軍
❼ジェノヴァ人傭兵からなるいし弓隊
❽ウィンドラス
❾いし弓
❿パヴィス（大盾）
⓫長弓

1337年10月7日，イギリス王エドワード3世はフランス王位継承権を要求し，1338年7月16日アントワープに上陸し，1339年英仏両軍がピカルディで戦闘に入り，百年戦争が始まりました。

　1346年8月26日のクレシーの戦いでは，イングランド軍が大勝しましたが，左ページの図はそのときの戦闘の様子を描いたものです。画面右側がイングランド軍であることは，イギリス王家の紋章が印された旗でわかります。イングランドの象徴である3匹のライオンとフランス王家の紋章である百合の紋章を合わせて図案化されている点が特徴です。

　百年戦争末期の15世紀前半に登場したジャンヌ＝ダルクは，劣勢に陥っていたシャルル7世のアルマニャック派を窮地から救い出すことに成功し，フランス側を勝利に導いた人物として有名です。

　右ページの図は，ジャンヌの行動を描いている点に特徴があります。左手の城はロッシュ城であり，城の前には王太子シャルル（7世）が手を挙げて彼女を迎えています。イエスと2人の天使が描かれている旗を持ち，白馬に乗っているのがジャンヌです。

（ジャンヌダルクセンター蔵）

⓫ ロッシュ城でシャルル7世にオルレアン解放を報告するジャンヌ
⓭ ロッシュ城
⓮ 王太子シャルル
⓯ 「乙女ジャンヌの忠告により，シャルル7世はランスに急行し，事実この場所でシャルルは戴冠した」と書かれています。
⓰ 冠毛つきのかぶと
⓱ 甲冑の上に軍用マントをつけています。
⓲ ジャンヌ＝ダルク
⓳ 跳ね橋

43

Question 20　14世紀のイギリスで農民反乱を起こしたのは誰？
～ワット=タイラーの乱～

14世紀

ジョン=ボールの思想に共感したワット=タイラーは，1381年にイギリス東南部で農民反乱を起こしました。反乱軍はロンドンを占拠することに成功しましたが，タイラーが殺害されるとともに鎮圧されました。

（ロンドン，大英図書館蔵）

❶イギリス王家の紋章：この旗を農民軍が掲げていたのは，リチャード2世に直訴し，国王による変革を期待したことを示しています。
❷イングランドの旗
❸当時の帽子
❹塹壕
❺説教するジョン=ボール：「アダムが耕し，イブが紡いだ時，誰がジェントルマンであったか」と説教したといわれています。
❻ポシェット：兵士もつけています。
❼兵士：中には一部鎖帷子を着ている者がいますが，全体としては軽装の者が多い。

ワット=タイラーの乱の思想的リーダーとして名高いジョン=ボールは，ケント州やイーストアングリア地方を巡回しながら説教を行う托鉢僧侶でした。

　左ページの図は，6月13日にワット=タイラー率いる反乱軍を前にして，ジョン=ボールが「アダムが耕し，イブが紡いだ時，誰がジェントルマンであったか」という有名な説教を行っているところです（同様な趣旨の説教はそれ以前から述べていました）。

　一方，右ページの図は，15日ロンドン市内のスミスフィールドでタイラーが国王と会見したときの様子を示しています。このときタイラーが要求したのが「スミスフィールド綱領」でした。しかし，タイラーが一瞬のすきを見せたときに，ロンドン市長のウォルワースがタイラーを襲いその首をはねました。国王は機転をきかせ，農民軍に向かって要求が満たされた旨を告げ，ジョーンズフィールドでタイラーが待っていることを告げました。農民たちは喚声をあげ，ジョーンズフィールドに移動しました。しかし，ここで彼らを待っていたのは国王の武装兵であり，タイラーの首でした。反乱軍はこの場所で鎮圧され，ジョン=ボールもまた捕らえられて国王の前で処刑されました。

（ロンドン，大英図書館蔵）

❽ロンドン市内のスミスフィールド
❾ワット=タイラーを殺そうとするロンドン市長のウィリアム=ウォルワース：俗説ではこれ以来ロンドン市の紋章に剣が挿入されるようになったといわれています。
❿不意打ちを食らうワット=タイラー
⓫イギリス王家の紋章
⓬リチャード2世
⓭旗印
⓮イングランドの紋章
⓯ワット=タイラー率いる反乱軍
⓰反乱軍を説得するリチャード2世

Question 21

14世紀

14世紀に流行したペストはどこからきたの？
～ペストの流行～

14世紀半ばにヨーロッパで大流行したペストの原因は，ペスト菌を保有するアジア産のネズミが，モンゴル帝国の拡大や十字軍などによってヨーロッパに侵入したためと考えられています。

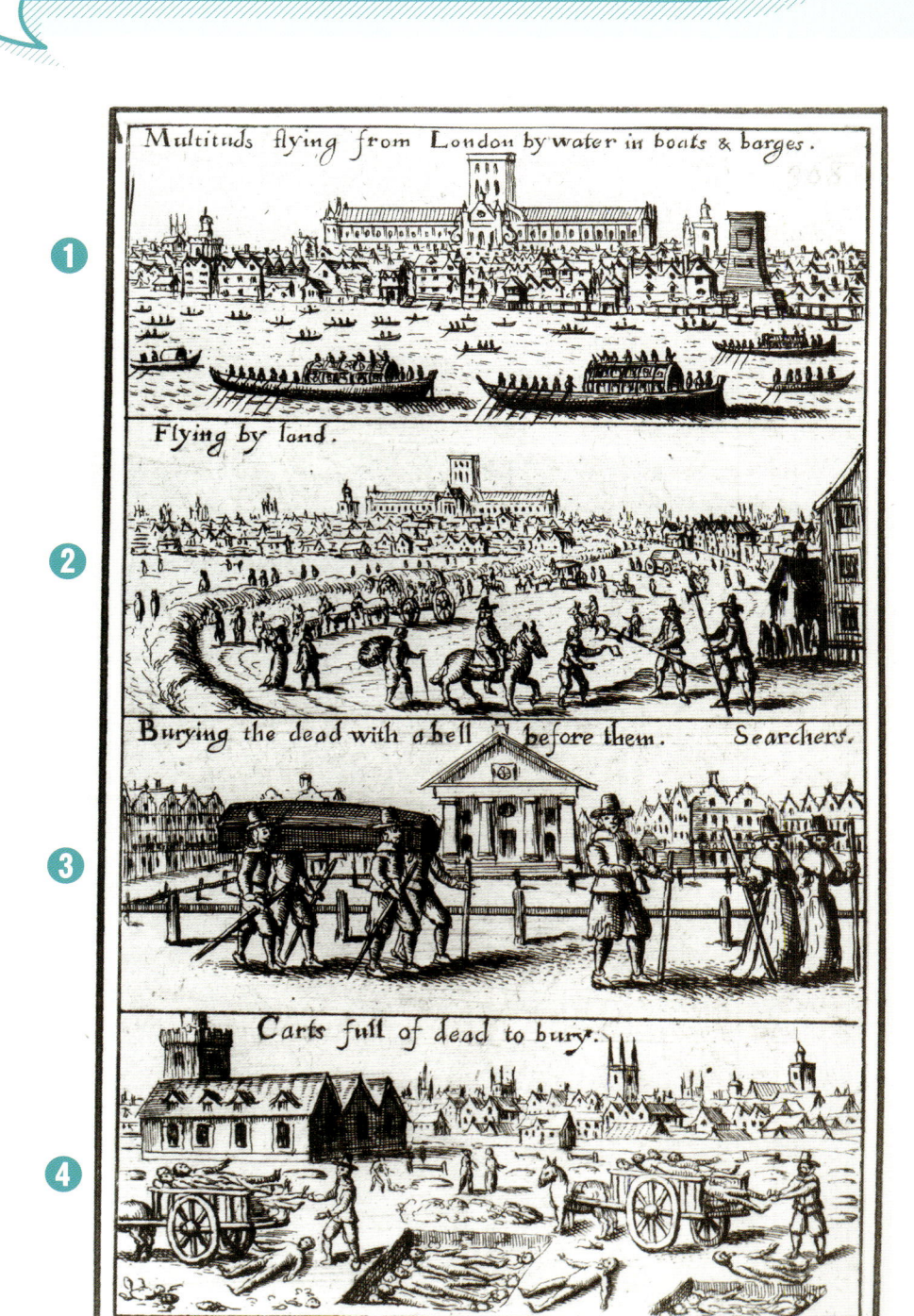

❶ 多数の人々がボートや艀（はしけ）で水路を使ってロンドンから逃げ出しています。
❷ 陸での逃避
❸ 鐘を鳴らしながら埋葬する
❹ 埋葬する死体がいっぱいになった荷車

ペストには腺ペストと肺ペストの2種類があります。腺ペストは潜伏期がほぼ数日から1週間程度で，その後突然39度から41度もの高熱が始まり，頭痛も起きて脳神経が冒され，ひきつけ・硬直・しゃっくりが起き，錯乱して暴れたりすることもあります。発病してから3日目頃から全身の皮膚に出血性の紫斑（しはん）や小型の膿胞（のうほう）が現れます。この紫斑や膿胞の黒さが「黒死病」とよばれる理由です。

　後者の肺ペストは呼吸器が冒され，血痰（けったん）や喀血（かっけつ）など肺炎の症状が出ます。腺ペストのような症状は全くないか，あっても比較的軽微です。

　ペストはすでに古代世界においても流行しましたが，世界最初の記録として普通考えられているのが『サミュエル第1の書』の5章と6章で，正確な年代は比定することは困難ですがおおよそ紀元前11世紀頃と推測されています。その後6世紀の『ユスティニアヌスのペスト』，そしてこの1347年以降の大流行，その後もヨーロッパで何度も繰り返して出現し，デフォーが記録した（『疫病流行記』）17世紀のロンドンの流行などが有名です。ヨーロッパで最後のペストとして記録されているのはマルセイユでの1720年のものです。

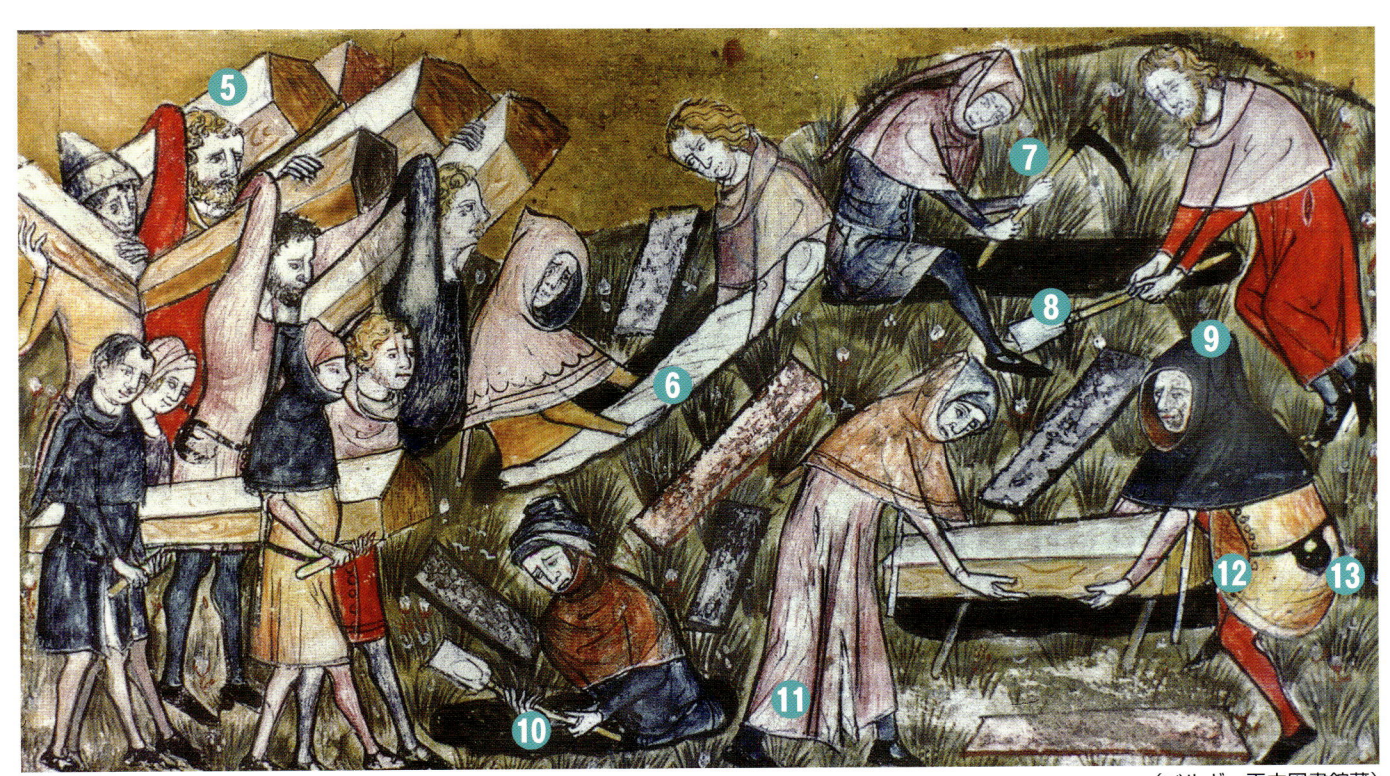

（ベルギー王立図書館蔵）

❺木棺
❻ペストで死んだ人の遺体：布で覆われています。
❼つるはし
❽スコップ
❾頭巾
❿スコップで埋葬用の穴を掘っているところ
⓫足首までの長い裾の着物（女性）
⓬裾が膝上までの短衣
⓭ポシェット：ポケットがなかったので腰ひもに財布や袋をつるしました。

第4章　近代ヨーロッパの形成

Question 22 サンタ=マリア大聖堂はどこにあるかな？
～北イタリア都市フィレンツェ～

紀元前1世紀～

ルネサンス初期に建設されたサンタ=マリア大聖堂は，ルネサンス様式の代表的建築物として知られています。ブルネレスキが設計した八角形の大円蓋が，図中の中央にそびえたっているのを見ることができます。

❶サン=マルコ修道院：メディチ家のコジモが建設を命じたドミニコ派の修道院で，フラ=アンジェリコの『受胎告知』があることで知られています。この修道院のサヴォナローラが神権政治を行って，ルネサンスの退廃に警告を発しました。

❷サンティッシマ=アンヌンツィアータ教会：13世紀に建立され，15世紀に拡張された教会で，現在はバロック様式で統一されています。ダ=ヴィンチが1三年ほどこの教会の僧坊に住んだことがあります。

❸ヴェッキオ宮殿（市庁舎）

❹サン=ジョヴァンニ洗礼堂：洗礼堂東扉にあるギベルティの彫刻，通称『天国の門』が有名です。

❺サンタ=マリア=デル=フィオーレ（ドゥオーモ）：フィレンツェを象徴する大聖堂で，訳せば「花の聖母大聖堂」。本堂の完成だけで82年を要しました。有名なクーポラ（大円蓋）はブルネレスキの設計で，周囲は白の大理石を主にピンクやグリーンの石で幾何学的に飾られています。

❻ジョットの鐘楼：ルネサンスの先駆者ジョットの設計による鐘楼。高さは84.7mに達する美しい塔。

❼サンタ=クローチェ教会：フランチェスコ派の教会で，13世紀にガンビオが着工し，14世紀に完成しました。ミケランジェロ，マキアヴェリ，ガリレオ，ロッシーニの墓廟，ダンテの記念碑などがあります。

❽ヴェッキオ橋：ローマ時代の中心はこの橋付近にあり，橋上には商店が古くから軒を並べていました。

❾ミケランジェロの丘：ミケランジェロがフランス軍の侵入に備えて城壁を築きました。現在は広場になっていて，フィレンツェを俯瞰できる観光ポイントです。

❿ピッティ宮殿：フィレンツェの商人ピッツィがブルネレスキの設計図に基づき建設した宮殿。未完成のままで終わったが，18世紀になって現在のスタイルになりました。

⓫サン=ロレンツィオ教会：メディチ家ゆかりの教会。

⓬サンタ=マリア=ノヴェッラ教会：11世紀まであった小さな礼拝堂の上に，アルベルティが設計した教会。白と緑の大理石で飾られたファサード（正面）が美しいことで知られています。ここには遠近法で描かれたマサッチョの『三位一体』があります。

48

ルネサンスの中心地フィレンツェは，13〜15世紀に商工業都市として栄え，その町並みは今もあまり変わっていません。フィレンツェの歴史は，紀元前1世紀カエサルが建設した都市国家にまでさかのぼります。現在のヴェッキオ橋付近にその中心がありました。11世紀頃トスカナ侯が住居を構えてから次第に発展し，12世紀に新興商人階級が台頭して経済的に繁栄しはじめ，13世紀に入ると毛織物工業や絹織物工業が主要な産業となって市民の経済的基盤を形成し，ヨーロッパやそれ以外の地にも輸出するようになりました。また金融業の分野では，銀行家としてバルディ=ペルッツィ家，ピッツィ家，パッツィ家，そしてメディチ家などが有力となって，ヨーロッパ各地に支店網を形成するまでになりました。もちろん皇帝党（ギベリン）と教皇党（ゲルフ）の対立，教皇党内部における黒派と白派の対立など複雑な政争がありましたが，13世紀に共和政を確立して，6人の有力者による「シニョーリア」（市政庁）政府が成立しました。

この木版画で描かれている15世紀には，メディチ家にコジモやロレンツィオといった文化保護を任じる人物が登場してルネサンス美術が栄えました。

❸ **フィレンツェの街**：写真中央上の，巨大な円蓋をもつ建物は，ルネサンス様式で知られるサンタ=マリア=デル=フィオーレ（サンタ=マリア大聖堂，図中は❺）。

（フィレンツェ，コメーラ美術館蔵）

Question 23

ルネサンスの絵画には
どんな作品があるかな？
～ルネサンスの絵画～

15～17世紀

ルネサンス期にはパトロンの後援のもと、多くの芸術作品が生まれました。ボッティチェリの『ヴィーナスの誕生』、ミケランジェロの『最後の審判』などはその代表的な作品です。

（ウフィツィ美術館蔵）

1. ボッティチェリ『ヴィーナスの誕生』
2. ゼフュロス
3. フローラ（アウラ？）
4. ヴィーナス
5. ピンクのマント：ヒナギクの模様が描かれています。
6. ホーラ
7. バラ
8. ガマ
9. ホタテ貝
10. ナデシコ？の模様

ギリシア神話によれば夫ウラノスに嫉妬した妻である大地の女神ガイアが夫の男根を切り取ったところ、それが天空から落ちて、キプロス島付近の海中に没しました。そのとき生じた泡から生まれたのが美の女神アフロディテ（ヴィーナス）であるといわれています。絵の中央に位置するその立ち姿は、右手を折り曲げて胸に当て、左手をまげて掌で局部を隠す格好をしています。これは「慎みのヴィーナス」と呼ばれる姿で、古代の聖像形式に由来しています。このヴィーナスが彼女の持ち物とされる帆立貝に乗って、今まさに岸に到達しようとしているのです。画面左側の男女─男は西風の神ゼフュロス（西欧の人々にとっては春の訪れを示すものでした）、女は花の神フローラ─ゼフュロスとフローラは結婚して花々を生むとされています。口元からは風が吹き出され、バラ（花言葉は勝利の愛・愛の歓び、ヴィーナスの持ち物）を撒き散らし、あたりにはバラの芳香が漂っています。画面右手には時の女神であるホーラ（英語のhoursの語源がこのホライHorae）が、純潔のシンボルであるヒナギクの模様のあるピンクのマントを広げてヴィーナスを迎え、着衣させようとしています。ホーラの着衣にはナデシコらしき植物が描かれています。そのほか画面左下にはガマが描かれています。

ボッティチェリの代表的作品左のページの「ヴィーナスの誕生」は1482年（または85年）ごろ，37歳の時のものです。メディチ家に出入りするようになって多くの芸術家や学者と交わり，新プラトン主義の影響を受け，古典的で，異教的な精神をもつようになったといわれています。晩年はサヴォナローラの影響を受け，神秘的で悲劇的な作品を残しています。

　また右ページは，ミケランジェロの「最後の審判」です。ルネサンスにおいて15世紀末から16世紀前半にかけては，レオナルド・ダ・ビンチ，ラファエロ，そしてミケランジェロ（1475～1564）の「ルネサンスの三大巨匠」が活動しました。ミケランジェロは，はじめフィレンツェでロレンツォ・デ・メディチに仕え，またフィレンツェ政府の注文で「ダビデ像」をつくりました。その後ローマに活動の舞台を移し，教皇ユリウス二世の注文で天地創造を題材とした「システィナ礼拝堂天井画」を描き，1513年に教皇となったレオ10世の注文でユリウス2世墓廟の彫刻として「モーセ像」を制作しました。ミケランジェロ晩年の大作がこの「最後の審判」なのです。

⓫ ミケランジェロ『最後の審判』
⓬ 審判者イエス
⓭ 聖母マリア
⓮ 洗礼者聖ヨハネ（獣の衣をまとう）
⓯ 聖ペトロ（天国の鍵を手にする）
⓰ ミケランジェロの自虐的な自画像
⓱ 預言者モーセ
⓲ 最後の審判を告げるらっぱを吹く天使
⓳ 善行の書を手にする天使
⓴ 悪行の書を手にする天使
㉑ 祝福され昇天してゆく者たち
㉒ 復活する死者たち
㉓ 地獄へと落とされる罪深き人間たち
㉔ 死者の魂を裁判する地獄の王ミノス

（システィーナ礼拝堂）

Question 24

15世紀

コロンブスが発見したのは何という島？
～コロンブスの新大陸発見～

コロンブスは西回り航路によってインドに到達できると考え，スペイン王室の後援を得て，3隻の船団を組織して探索に乗り出しました。ところが，たどりついたのは西インド（バハマ）諸島のサン=サルバドル島でした。

❶コロンブスのサン=サルバドル島上陸（テオドール=ド=ブライ　銅版画）
❷ピンタ号とニーニャ号
❸艀に乗り移る船員
❹サンタ=マリア号
❺逃げまどうインディオ
❻十字架を建てる：スペイン領であることを宣言しています。
❼銃をもつ兵士
❽コロンブス
❾金・銀の装飾品
❿インディオ：アラワク語族のタイノ族。

52

1492年8月3日，サンタ＝マリア号，ピンタ号，ニーニャ号の3隻，総員約120名から構成される探検隊がパロス港を出発しました。33日間（コロンブスは航海日誌を改竄して20日間としています）の航海の後，西インド（バハマ）諸島の1つサン＝サルバドル（グァハナニまたはウォトリング）島に上陸しました。左ページの絵はそのときの様子を想像して描いたものです。正面にはコロンブスとその部下，画面左側には十字架を建ててスペイン王室領であることを宣言している様子が描かれています。左上側にはサンタ＝マリア号，ピンタ号，ニーニャ号の3隻が見え，サンタ＝マリア号では船員や兵士が艀に乗り移って，今まさに上陸しようとしています。右側奥には逃げ惑うインディオ，右下側にはネックレスなど貴重品をコロンブスに差し出すインディオ（タイノ族）が描かれています。この絵はコロンブスの書簡に基づいて描かれています。

　サンタ＝マリア号は，長さはおよそ95フィート，総トン数は100t程度で，乗組員は40名，「キャラック船」とよばれる形式の帆船です。キャラックは全装帆船（3本マストの完全装備帆船）の元祖と考えられ，15世紀中頃には存在し，ディアスやガマの航海にも使われました。

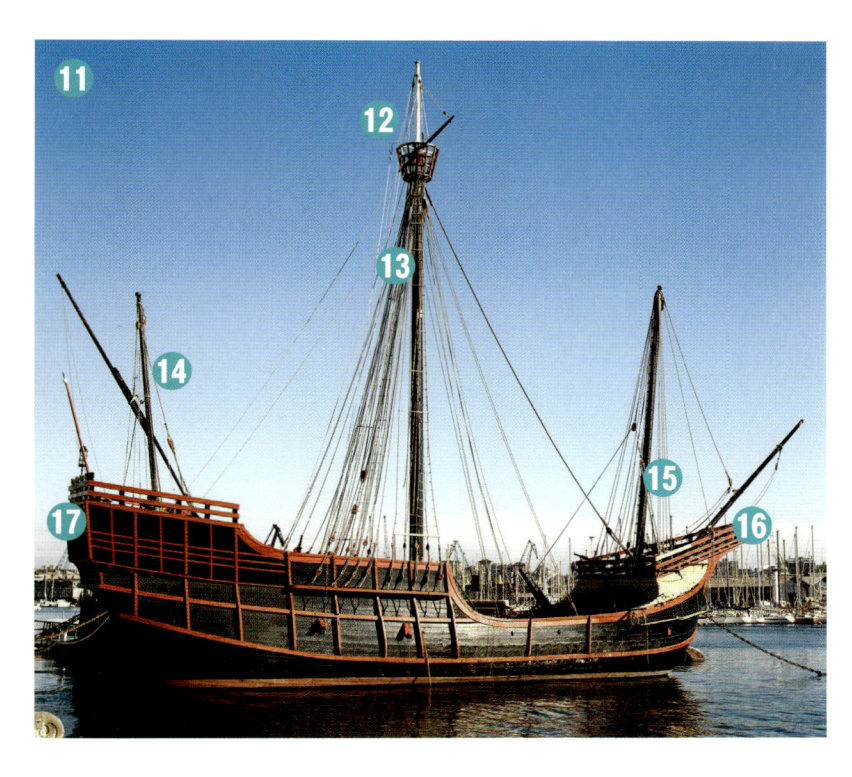

⑪サンタ＝マリア号（復元）
⑫戦闘望楼（GAVIA）
⑬メインマスト（PALO MAYOR）
⑭後帆柱
⑮前帆柱
⑯バウスプリット
⑰船室

⑱大航海時代の帆船：カラベル（カラヴェル）船
⑲トップマスト
⑳戦闘望楼：見張り台と作業足場を兼用。
㉑メインマスト
㉒横帆（四角帆）
㉓メインヤード・アーム
㉔三角帆（ラティーン・スル）
㉕船員が帆柱によじ登っている。
㉖斜杠帆
㉗船首楼
㉘船尾楼
㉙大砲
㉚飛び魚
㉛大きな魚

（ベルリン国立博物館蔵）

53

Question 25 ヴェルサイユ宮殿はどこに建設されたのかな？
～ヴェルサイユ宮殿～

17世紀～

ルイ14世によって建てられたヴェルサイユ宮殿は，バロック様式の代表的な建築物です。この宮殿はパリの南西およそ20kmに位置し，フランス革命が勃発するまで王宮とされました。

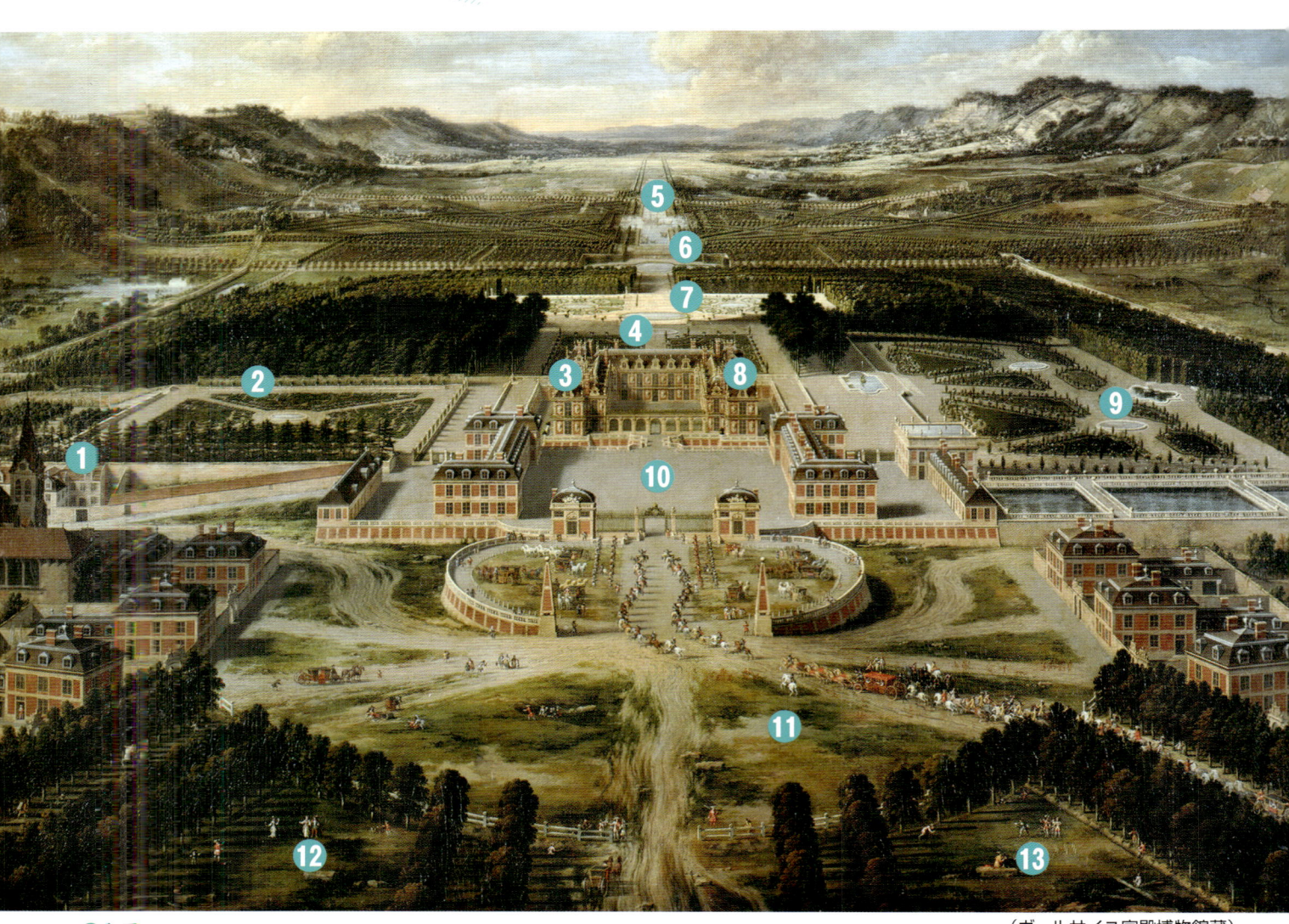

（ヴェルサイユ宮殿博物館蔵）

1. 台所
2. 南の花壇
3. 王妃の居室群
4. 2階　鏡の間
5. 大水路（大運河）
6. 現在のアポロンの噴水
7. ラトーヌの泉
8. 国王の居室群
9. 北の花壇
10. 王の中庭
11. 軍隊広場：現在は駐車場。
12. のちに小厩舎がつくられました。
13. のちに大厩舎がつくられました。

ルイ13世の時代につくられた狩猟のための仮住まいの館が，ヴェルサイユ宮殿の起源でした。フロンドの乱以来，パリに不信感をもっていたルイ14世は，パリ周辺に適当な宮殿建設場所を求めていました。ヴェルサイユはパリにも近く，少年時代の狩りの楽しい思い出がいっぱいあったのでここに決定したのです。

宮殿の設計と施工は当時まだ31歳の建築家であったマンサールが，庭園はル=ノートルが担当しました。正面右側に国王の居室群が，左手には王妃の居室群が位置し，それぞれ北の花壇，南の花壇が眺望できるようになっています。正面奥の2階には絢爛豪華で有名な鏡の間があり，さまざまな行事に使われました。また宮殿には多数の高位聖職者や貴族にも居室が与えられ，その従者も含めれば5000人が居住したといいます。

この絵には両翼に伸びる北翼棟と南翼棟はまだなく，後方（絵では奥）の庭園は大水路（大運河）やラトーヌの泉といった主要な部分しかまだ完成していません。ルイ14世はこの宮殿が完成する前からしばしば宴会・観劇・舞踏会などを開催しました。この絵手前には王の一行が宮殿に到着した様子が見えます。

❹鏡の間：この回廊は奥行73m，間口10m，高さ12.3mです。400枚の鏡が用いられていますが，重商主義政策にもとづき，ヴェネチアからのガラスの輸入を禁止して国産のガラスを用いました。天井の絵は装飾のついた縁取りの中に，軍事的勝利，政治・経済の改革などが描かれ，いくたの偉業のうち，ルイ14世時代はじめの時期の輝ける栄光をよみがえらせています。

⓮礼拝堂：1685年マンサールによって建築を開始されました。宮廷付属礼拝堂の伝統に従って，この礼拝堂も2階建てとなっています。1階では14本の角柱が半円形のアーケードをつくります。床は色大理石の幾何学的な模様。2階ではコリント式の円柱が上方を支えています。2階王室席へは宮殿から直接入ることができ，王室一家が席を占めました。1階は廷臣や一般人の場所でした。この礼拝堂は，諸儀式，王太子らの洗礼や結婚式など王室の宗教的祝典に用いられました。のちのルイ16世とマリー=アントワネットの結婚式もここで挙行されています。

Question 26

三十年戦争当時の軍隊はどんなものだった？
～三十年戦争～

17世紀

当時の軍隊は，契約によって雇われる傭兵が主流でした。彼らは敵味方の区別なく，よい給料を求めて軍を渡り歩きました。このような傭兵たちは，ときとして地域を荒廃させることもありました。

（ダラス美術館蔵）

❶戦争と惨禍より「村の掠奪と火災」(ジャック=カロ画)
❷農家への放火
❸食料を奪う兵士
❹教会を掠奪する兵士
❺鎖でつながれる農民
❻食料を奪う兵士

【カロの説明】
軍神マルスとその悪行を共にする者たちは，
貧しい田舎農夫をどんな目にあわせるのか。
彼らを鎖につなぎ，彼らの村を焼き，
家畜の数々にも，同じ仕業をする
義務感もなく，法への恐れもなく
涙も叫喚も，いっさい彼らを動かさない
（訳『人間の記憶のなかの戦争』みすず書房より）

左ページの絵はジャック=カロ（1592〜1635）の代表作『戦争の惨禍』の中の「村の掠奪と火災」の場面です。

　カロは2つの『戦争の惨禍』を発表しています。1632年刊行の6枚のエッチング集と翌1633年に刊行した18点からなるものの2つです。一般に前者を小『戦争の惨禍』，後者を大『戦争の惨禍』とよんでいます。ここで取り上げているのは大『戦争の惨禍』の一部です。両者ともにドイツ最大の宗教戦争である三十年戦争（1618〜48）を告発する内容になっています。

　1618年から1648年の30年間，ドイツを舞台とし，ヨーロッパ諸国を巻きこんだ戦争が三十年戦争です。この戦争は新教派（プロテスタント）と旧教派（カトリック）の対立による宗教戦争の，最後にして最大のものとされています。当初のドイツ国内戦争においては，宗教的対立による戦争という傾向が強かったのですが，ヨーロッパ諸国を巻き込むうちに政治的利害のほうが優越してきました。最終的にはオーストリア，スペインの両ハプスブルク家とフランスのブルボン家の対抗関係が軸となりました。この戦争の講和条約として1648年にウェストファリア条約が締結されたのです。

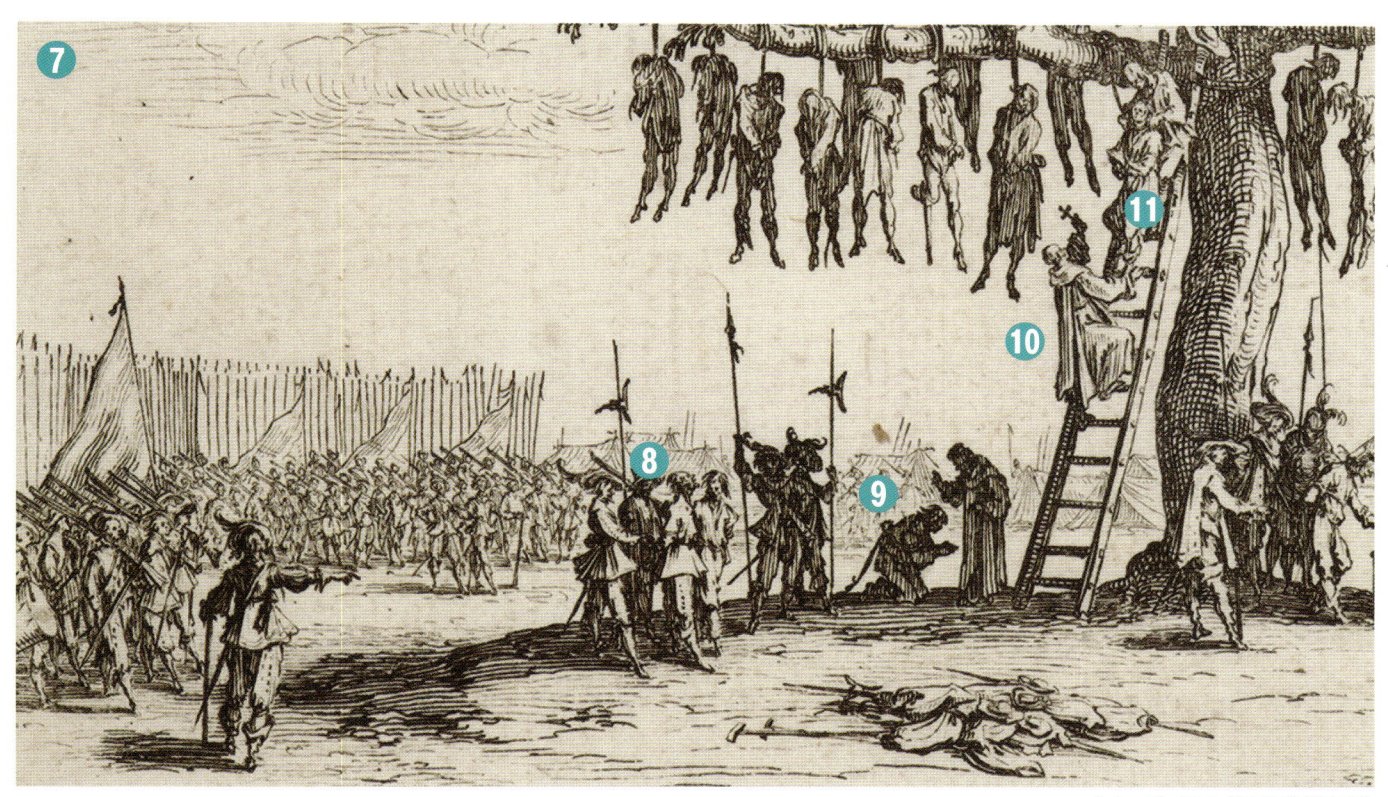

（インディアナポリス美術館蔵）

【カロの説明】
盗賊たちはここにおぞましくも万事休した。
さながら一本の大樹の不吉な果物のようにつるされて，
犯罪それ自身が，すでに恥辱と復讐の道具なのだ。
天空のなかの絞首台におそかれ早かれ，
小悪人たちは仮借ない運命に立つ
（訳『人間の記憶のなかの戦争』みすず書房より）

❼戦争の惨禍より「首吊り」（ジャック=カロ画）
❽次に絞首刑にされる者
❾祈りを僧侶に唱えています
❿最後の祈りを唱える僧侶
⓫絞首刑寸前の者
⓬三十年戦争当時の傭兵：当時の軍隊は給料を払って募集される傭兵でした。傭兵は全財産を持ち運び，銃も自弁でした。左手に持っているのは銃の支柱。

Question 27　ブルボン朝のルイ14世はどんな人物なのかな？
～ブルボン王朝とピューリタン革命～

17世紀

ルイ14世は，フランス絶対王政最盛期の王として知られています。左ページの図は，ルイ14世がマリー=テレーズと婚礼後にパリへ帰還したときの様子を描いたものです。

❶ルイ14世のパリ入市式
❷石壁の上で見物する人たち
❸セーヌ川
❹川を見ている見物人：行列に関心を示さない人たちもいました。
❺雑談している人々
❻鉄砲隊
❼アンリ４世像
❽ルイ14世とマリー=テレーズが乗っている馬車。
❾艀
❿ルーヴル宮
⓫犬
⓬槍をもつ警備兵
⓭犬に吠えられて驚く少年
⓮女性の見物人
⓯馬に乗る見物人

フランスのルイ14世はスペインのマリー=テレーズと，1660年8月スペイン・フランス国境で婚礼を終えると直ちにパリに戻り，左ページの図にあるような盛大なパリ入市式を行いました。このあとルイ14世夫妻は，シテ島にあるノートル-ダム寺院で結婚と平和条約発効記念のための「神への感謝式（テ-デウム）」に参加することになっています。この絵がポン-ヌフ（直訳すると新橋）にさしかかった場面であることは，正面に位置するアンリ4世像の存在と，右手に見えるルーヴル宮の存在で確認できます。

　右ページの図は，ピューリタン革命においてイギリスのチャールズ1世の処刑の様子を描いたものです。議会軍に敗北したチャールズ1世の処分について，特別法廷が開催され，1649年1月27日「国家への公敵」と判定されて死刑が確定しました。30日ホワイトホールのバンケッティング・ハウス（宴会場）の前に設置された処刑台の上で，チャールズ1世は斬首されました。この絵は首を掲げる刑吏，首を切断した斧をもつ刑吏，うめき声を上げたり，失神したり，さまざまな反応を見せる群衆が描かれています。

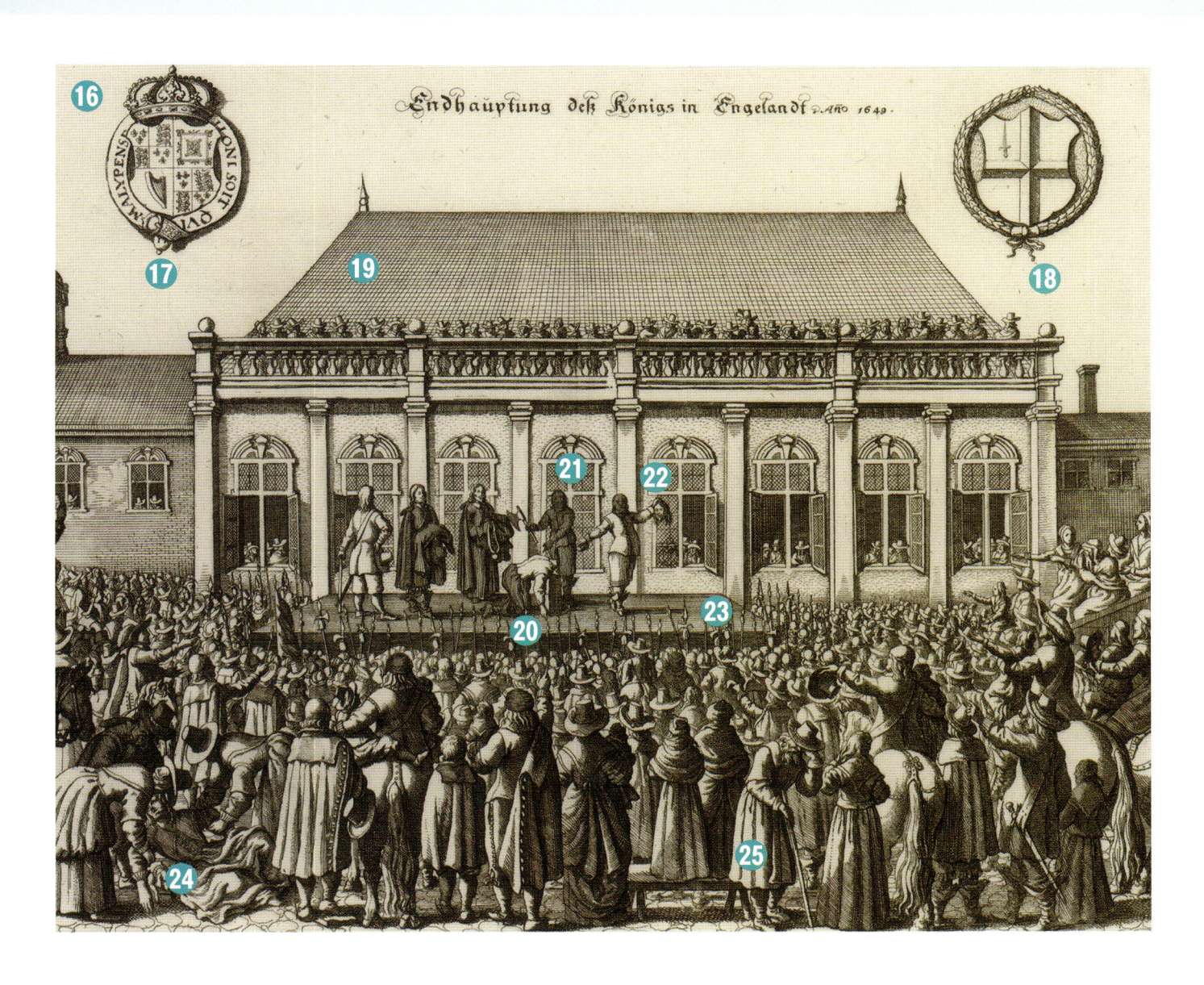

⑯ チャールズ1世の処刑
⑰ 王家の紋章
⑱ ロンドン市の紋章
⑲ バンケッティング・ハウス
⑳ チャールズ1世の胴体
㉑ 斧をもつ処刑吏
㉒ チャールズ1世の首
㉓ 処刑台
㉔ 失神する女性と介抱する婦人
㉕ 悲しみにうめいている人

Question 28 絶対主義の国にはどんな君主がいるのかな？
～中・東欧の絶対主義～

17～18世紀

絶対主義とは王権への権力の集中化をはかり，王権を絶対視する政治体制のことをいいます。オーストリアのマリア＝テレジア，ロマノフ朝のピョートル1世らは，そうした政治体制の代表的君主として知られています。

（シェーンブルン宮殿蔵）

1. フランツ1世
2. アンナ
3. マリー＝クリスティーネ
4. ヨゼファ
5. ヨハンナ
6. マリー＝アマリエ
7. ヨーゼフ2世
8. レオポルト2世
9. エリザベータ
10. マリー＝テレジア
11. カール＝ヨーゼフ
12. マクシミリアン＝フランツ
13. マリー＝カロリーネ
14. マリー＝アントワネット
15. フェルディナント

マリア＝テレジアは，子どもを1年ないしは2年おきに生み，全部で16人（男子5人，女子11人）の子宝でした。なぜこのようにたくさんの子ども産んだのか，その理由は，彼女が単に子どもが好きだったからではありません。マリア＝テレジア自身が帝国領の相続問題では苦い経験をもっていました。すなわち父カール6世の相続問題に端を発して，女性であるがゆえに帝位継承にクレームをつけられてオーストリア継承戦争が勃発し，帝国・王朝の伝統的継承地である，例えばシュレジェン地方をフリードリヒ2世に奪われています。それゆえ彼女の中には帝国領土の維持に対する強い危機感があったのです。彼女は妊娠能力を最大限発揮して大勢の子どもを生み，帝国の未来の安定を画策したわけです。

左ページのこの女帝一家の肖像画は有名で，オーストリア史に関係する著作にはしばしば登場します。子どもの数によって制作年代がわかり，同様な構図・色・服からなる作品4点のうち，インスブルックにあるオーストリア国立美術史美術館のものがシリーズ最初の作品です。子どもの数は9人，およそ1751年頃の作品と推定されています。ここに掲載した絵は，フィレンツェのピッツィ宮殿が所蔵するもので，子どもの数は13人，およそ1756年頃以降の作品と考えられています。

　右ページ下の絵は，ロマノフ朝のピョートルが西欧旅行から帰り，出迎えの儀式の際，突然部下にハサミを持ってくるように命じ，高位貴族の顎ひげを切り落としたその様子を描いたものです。さらに，従わないものには「ひげ税」を課しました。

　この珍奇ともいうべき「ひげ税」は単にピョートルの個人的趣味や感情にのみ依拠していたわけではありません。国内の西欧化を徹底するためには風俗・習慣に至るまで改革を徹底しなければならず，また改革のための資金を捻出するためにわずかであっても財政収入を増やす事情があったことを考慮する必要があるのです。

（個人蔵）

⓰**新首都ペテルブルクの建設を指揮するピョートル大帝**

⓱**ひげを刈られる貴族**：ピョートル1世は西欧視察から帰国後，強制的に貴族のあごひげを刈ることを命じ，従わないものに「ひげ税」を課しました。
⓲羊の毛を刈るためのハサミ
⓳長いひげ
⓴毛皮の外套
㉑長靴

Question 29 奴隷はどのような状態で運ばれたんだろう？
～奴隷運搬船～

16世紀～

ヨーロッパの奴隷商人たちによって，アフリカ大陸から連れ去られた黒人奴隷は，1200万～1500万人にも達したといわれています。彼らを運んだ奴隷運搬船は，体を動かす余裕もないほどの極めて劣悪な環境でした。

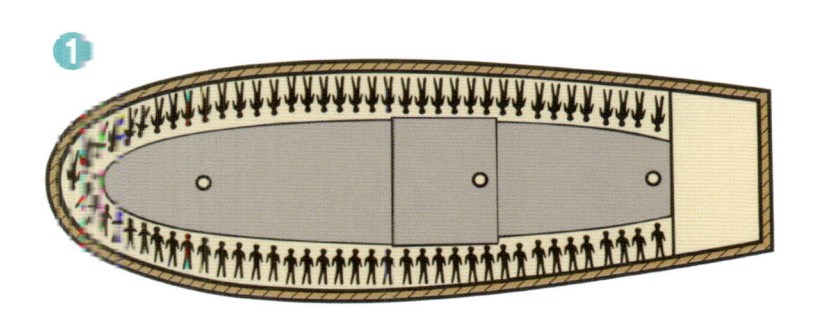

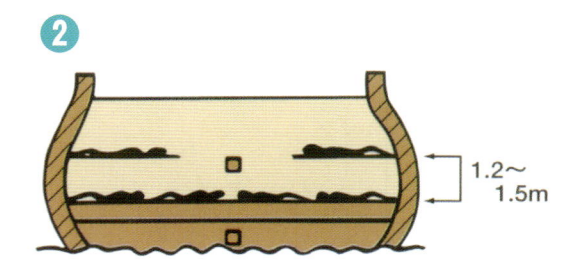

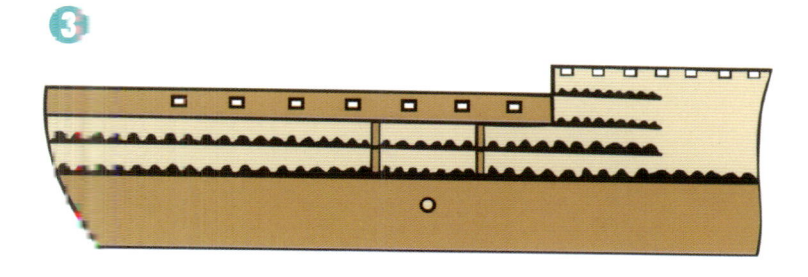

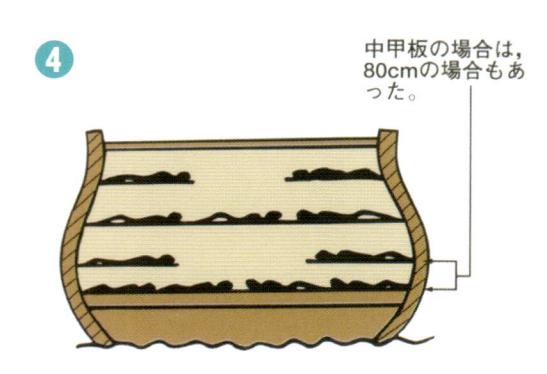

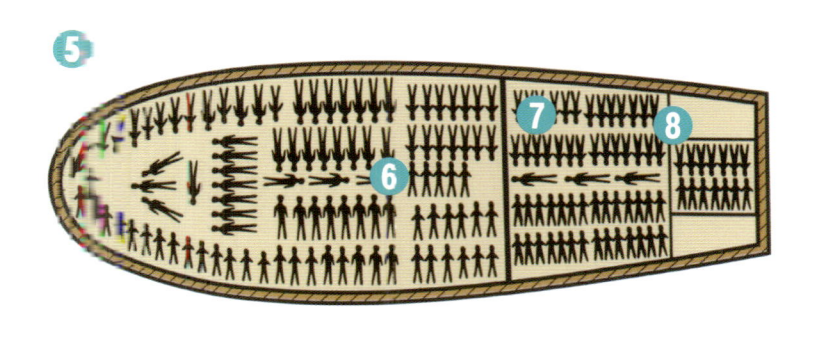

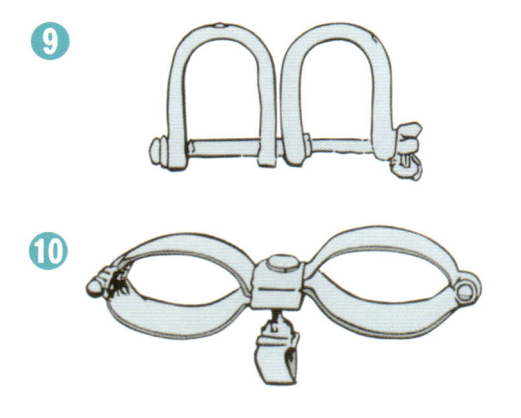

❶ 上甲板 平面図
❷ 船中央部の断面図
❸ 側面図
❹ 船尾の断面図
❺ 下甲板 平面図
❻ 頭部は内側に向けます。
❼ 立錐の余地がありません。
❽ 鎖でしばられていました。
❾ 奴隷を2人ずつつなげる足かせ
❿ 手かせ（手錠）

奴隷運搬船では，上甲板と下甲板との間に位置する船倉に奴隷を配置しました。奴隷はできるだけ多くの人数を積み込むことが利益に直結したので，いくつかの工夫がなされました。その1つが船倉の高さです。船ごとに違いますがおよそ1.2mから1.5mで，普通の人間では直立することはできない高さでした。また奴隷を積み込むときは，必ず右舷にいる奴隷は頭を左舷に向けて，左舷にいるものはその逆に，ちょうど匙を並べるように配置しました。これは長期の航海でも心臓を圧迫しないようにするためでした。

　こうしてアフリカ大陸からアメリカに連れ去られた黒人奴隷の数は，1200万～1500万人に達したといわれています。ただはっきりしているのは，これがアフリカ社会の発展にとって大きな阻害要因になったことと，ヨーロッパ商人が大西洋を舞台とする三角貿易によって莫大な利益を得たことです。特にイギリスは1713年のユトレヒト条約でアシエント（スペインの新大陸植民地における奴隷貿易独占権）を獲得して以来，リヴァプールやブリストルが奴隷貿易で繁栄し，これが産業革命を起こすための資本蓄積につながりました。

⓫船内

⓬甲板で踊らされる奴隷：商品としての奴隷を健康な状態に保つため，ときには本図のように甲板で踊らせて運動のかわりとしました。

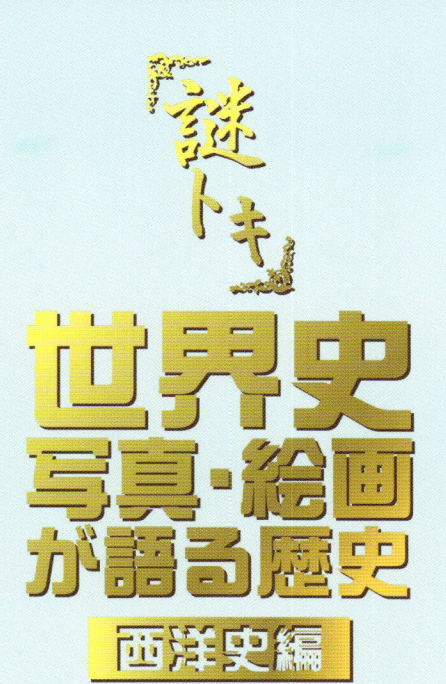

謎トキ 世界史 写真・絵画が語る歴史
西洋史編
近・現代編

第5章 市民革命と産業革命

Question 30

ボストン茶会事件はなぜ起こったのだろう？
〜ボストン茶会事件〜

18世紀

1773年，イギリス議会が決定した茶条例は，イギリスの課税権を認めることにつながるという理由から，アメリカにはとうてい受け入れることができないものでした。

ボストン茶会事件を引き起こしたのは，サミュエル゠アダムズ（1722～1803）を委員長とするボストン通信委員会です。同委員会は1772年にアダムズのよびかけで結成されました。

　1773年5月イギリス議会は，東インド会社が本国で関税を払わないでアメリカに紅茶をもち込むことを許す茶条例を決定しました。紅茶は特定のアメリカ商人の手に委ねられて販売され，タウンゼンド関税を払ってもなおかつオランダ船による密貿易品よりも安いことになります。

　植民地の愛国派はイギリス紅茶の陸揚げを許してはならないと考えました。いったん陸揚げされれば，安い紅茶を求める人たちがきっと購入するであろうし，イギリスの課税政策を認めたことになるからです。また多くの商人は，その紅茶が特定のアメリカ商人によって販売されることに反対していました。

　1773年11月末，通信委員会は東インド会社の総督に，茶をイギリスに持ち帰るように命令することを要求しました。12月16日，この要求が拒否されると，アダムズらは人々を扇動し，約50名からなる一団がモホーク゠インディアンに変装して東インド会社の船3隻を襲いました。

❶ユニオンジャック（Union Jack）：船首の旗竿（jack staff）に掲げる船首旗のこと。

❷停泊している東インド会社の船の1隻：このときはビーバー号（現在復元されてボストン港に係留されています），ダートマス号，ベッドフォード号の3隻でボストン港に入港しました。

❸約50人からなる急進派の"自由の子ら"に属する人々：サミュエル゠アダムズもこの中にいます（立って指揮している男？）。

❹捨てられる茶：ダートマス号の航海日誌によると，一行は紅茶の大箱80個，小箱34個を甲板へ運び上げて粉々に砕き，紅茶を海に投げ捨てました（絵では箱を投げ捨てているようにも見えます）。このとき捨てられた茶箱の総数は，342箱。1箱は360ポンド（163kg），合計で1万5000ポンド（56t）。

❺茶会事件を支持する人々：桟橋上の多数の人々は，茶会事件への支持を示しています。

Question 31

18世紀

フランス社会の3つの身分とは？
〜アンシャン・レジーム〜

フランスのアンシャン・レジーム（旧制度）は第一身分（僧侶），第二身分（貴族），第三身分（平民）から構成されていました。この体制は第三身分が大きな負担に耐えることで成り立っていたのです。

（カルナバレ美術館蔵）

❶三色旗をもつサン-キュロット
❷三色旗：三色旗はパリ市の色である赤と青の間にブルボン家の色である白をはさんだものです。バスティーユ陥落の翌日の7月15日にラファイエットが国民軍司令官に任命されましたが，彼がこの三色を国民軍の帽章に採用したのが始まりです。国民議会は1790年に正式にフランス国旗として採用しました。
❸民衆はキュロット（半ズボン）をはかないので，サン-キュロットとよばれました。

アンシャン-レジーム（旧制度）のフランス社会は第一身分（僧侶）・第二身分（貴族）・第三身分（平民）から構成され，その中で農民・ブルジョア・都市貧民などの第三身分が人口の98～99％を占めていました。
　第一身分と第二身分は特権階級であり，社会的・経済的にさまざまな特権をもっていました。例えば，多くの免税特権をはじめとして，紋章，帯剣，教会の特別席，死刑の場合には絞首刑ではなく斬首刑とされることなどの体面上の特権があり，また教会の職や重要な官職・軍職などを独占しました。そしてこれらの官職などの中には莫大な給与をもたらすものもあり，僧侶や貴族たちにとって重要な収入源でもありましたが，その財源は，結局，農民などの第三身分から収奪したものでした。
　第三身分，とくに農民は国家と領主の双方から種々の負担を課せられていました。一方，都市の住民の多くは小店主・小親方・職人などの，いわゆる都市民衆でした。彼らは貴族やブルジョアが着たキュロット（半ズボン）ではなく長ズボンを着たので"キュロットなし"つまりサン-キュロットという蔑称でよばれましたが，やがてすすんでこれを自称するようになりました。

（カルナバレ美術館蔵）

❹三角帽：当時の民衆は歌の中で，貴族のことを「黒い帽子の暴君ども」と表現しています。
❺正装した貴族
❻ベスト ⎫
❼アビ　 ⎬ この一そろいを「アビ」ということもあります。
❽キュロット ⎭
❾この石には，taill（タイユ=人頭税），impots（税），et correts（賦役）と書かれています。
❿剣：帯剣は貴族の特権の1つでした。

69

Question 32

フランス革命を起こしたのはどの身分？
～フランス革命の始まり～

18世紀

1789年に三部会が開催されると、第三身分を主とする第三部会は、国民全体の代表としての国民議会であることを宣言しました。国民議会は国王に承認され、その後の革命の中心となりました。

この絵はしばしばダヴィッドのものとされますが、たぶんグルデーヌ（1743～1830）のものでしょう。興奮と熱狂のるつぼであった場面にしては、感情が抑えられて全体に硬直した感じがします。

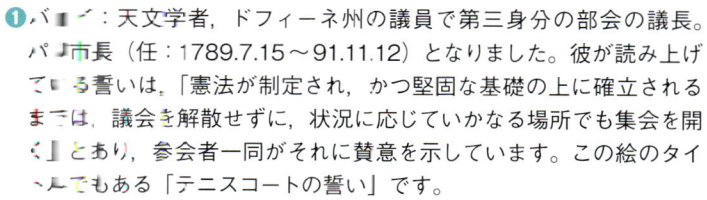

❶バイイ：天文学者，ドフィーネ州の議員で第三身分の部会の議長。パリ市長（任：1789.7.15～91.11.12）となりました。彼が読み上げている誓いは、「憲法が制定され、かつ堅固な基礎の上に確立されるまでは、議会を解散せずに、状況に応じていかなる場所でも集会を開く」とあり、参会者一同がそれに賛意を示しています。この絵のタイトルでもある「テニスコートの誓い」です。
❷マラー
❸アベ＝シェイエス：僧侶，革命の前夜『第三身分とは何か』(1783) を著して有名となりました。テニスコートの誓いでは指導的役割を果たしましたが、以後しばらく実践政治から身を引きました。
❹ロベスピエール
❺ミラボー：貴族，ジャーナリストとしても有名。
❻バルナーヴ：弁護士，のちフイヤン派に属しました。
❼マータン=ドチ：宣誓に同意しなかったただ1人の代表。

1789年6月20日，王妃や有力貴族の要求に従って，ルイ16世は第三身分に強硬な態度で臨むことを決めました。王は第三身分の集会場の大広間（ムニエ公会堂）を閉鎖し，帯剣した衛兵を配置して使用できないようにしたのです。そこで国民議会の議員たちは，宮殿内のがらんとした屋内球戯場（テニスコート）に集まりました。そこで左ページの図のような第三身分による熱狂的なもりあがりとなったのです。

　6月23日に国王は国民議会に合流していない僧侶と貴族議員を召集して国民議会を否認しました。しかし，26日になると貴族の中にも国民議会に合流するものが47名も出てきたのです。そこでついに国王は特権身分にも第三身分に合流することをすすめて国民議会を承認することになりました。

（カルナバレ美術館蔵）

Question 33 バスティーユ牢獄はどんな場所？
～バスティーユ牢獄の襲撃～

18世紀

バスティーユ牢獄はもともと百年戦争のときにパリ防衛の城塞としてつくられました。17世紀頃に，政治犯や政府を攻撃した文筆家などが投獄されるようになり，絶対王政の象徴として見られるようになったのです。

❶塔の上から大砲がパリ市に向けられていましたが，選挙人会の要請で14日以前，後方に下げられ，銃眼はふさがれました。長官は30人の兵士とともに塔上にいました。
❷バスティーユ砦の門と跳ね橋：バスティーユ牢獄は堀に囲まれています。
❸跳ね橋を降ろせと要求する人々：扉の両側の壁の銃眼のところで発砲準備していた30人ほどの退役兵に発砲の号令がくだっています。民衆の側も応戦しました。大砲の撃ち合いもありましたが，長官が降伏を決定すると橋は降ろされました。
❹バスティーユの大門：この門には守備隊はいませんでした。この奥の右手に武器車があります。
❺塔の上にいる兵をねらって撃っています。守備隊投降後も，それを知らず発砲したため，味方の突入組の一部を射殺しました。
❻武装している群衆：2万人以上の民衆が集まり，廃兵院で奪った銃で武装しています。
❼アーチ橋
❽運ばれる負傷者
❾廃兵院から奪った大砲：スイス人衛兵隊の元伍長のユランに率いられた61人のフランス衛兵分遣隊が朝方奪った4門の大砲と1門の臼砲が，バスティーユの門と跳ね橋に向かってすえられていました。

バスティーユ襲撃の直前の動きを見ると，前々日の1789年7月12日にネッケルが罷免されています。翌13日にパリ選挙人は都市民兵からなる市民軍（のちに国民軍に発展）の創設を決定しました。国王が軍隊を集結して，国民議会を襲撃するという情報に対処して，14日の朝，4万とも5万ともいわれる群衆が武装するため廃兵院（アンバリード）の武器を奪いました。奪った武器の数は3万か4万挺の銃と，12門の大砲および1門の臼砲です。こうしてパリ市民は武装されたものの，火薬と弾薬が不足していました。そのときバスティーユに弾薬があるという噂が流れました。そこで人々はバスティーユへと押しかけたのです。

　バスティーユの守備兵は，82人の退役兵とサリ・サマド連隊から派遣された32人のスイス兵でした。襲撃の時間は午後3時から5時までの2時間に及びました。戦闘は結局守備隊側が屈伏して終わり，要塞内になだれ込んだ群衆は兵を武装解除し，武器を奪い略奪を行いました。バスティーユの解体作業は翌々日から始められ，5か月で終了しました。現在ここはバスティーユ広場となり，当時の建物は何も残っていません。中央に高さ約50mの記念塔が立っているばかりです。

（カルナバレ美術館蔵）

Question 34

18世紀

ルイ16世はどんな理由で処刑されたのかな？
〜ルイ16世の処刑〜

ヴァレンヌ逃亡事件を起こし，国民の信頼を失っていた国王ルイ16世の死刑が，1793年1月21日，執行されました。オーストリアとの戦争で敵に内通したかどというのが処刑の理由でした。

❶シャルル=サンソン：「首切り人サンソン」として名高い。妻のマリー=アンヌは王党派で，夫が国王を処刑すると知った1月20日の夜に気絶しました。
❷ギロチン台
❸ルイ16世の遺体は，処刑人の荷車でマドレーヌ墓地へすぐに運ばれました。
❹宣誓僧エジュボルト=ド=フィルモン：ルイ16世はこの神父の王家に対する忠誠さを知っていたので，臨終のとき立ち会ってくれるように頼みました。
❺ルイ16世の首：髪の毛はギロチンの刃が滑らないように，死刑執行人のサンソンによって切られました。
❻死刑人の中のもっとも若い青年：断頭台を一周して首を見せました。
❼処刑台の周囲を固めた国民衛兵：2万人の国民衛兵が処刑台の周囲に配置されました。数万人いた見物人は処刑の現場には近づけませんでした。
❽革命広場の軍隊を指揮する人：当日指揮を担当していたベリュイ将軍だと思われます。または，国民衛兵総司令官のサンテール将軍かもしれません。
❾ルイ16世をタンブル牢獄から乗せてきた馬車。

1793年1月17日，国民公会は，オーストリアとの戦争で敵に内通したかどでルイ16世に死刑の判決を下しました。この決定は賛成387，反対334の僅差でした。執行猶予つきの死刑賛成が26人いたので，これを反対に含めればわずか1票差でした。

　19日，国民公会は死刑の執行に猶予期間を認めるべきかどうかを票決にかけましたが，これは380対310で否決されました。そして翌20日に死刑が宣告され，刑は24時間以内に行うものとされたのです。

　1月21日午前10時22分，ルイ16世の死刑が執行されました。一瞬恐ろしいほどの静寂が広場を支配しました。ややあって，共和国万歳の声がいくつかおこり，それはだんだん大きくなって全員の合唱となり，少なくとも10分以上くり返されました。そして帽子が宙に舞いました。

　ギロチンが処刑の道具として用いられるようになったのは，1791年6月に憲法制定国民議会が，死刑囚はすべて斬首すると決定したからです。医師のギヨタン議員が，迅速で無痛の死刑装置を考案するための委員会を設立し，死刑執行人サンソン，外科医アントワンヌ=ルイの意見にしたがってギロチン台をつくらせました。

Question 35　ナポレオンの戴冠式を描いたのは誰？
～ナポレオンの戴冠～

19世紀

正式には『皇帝ナポレオンの聖別式と皇妃ジョゼフィーヌの戴冠式』と名づけられたこの絵は，ダヴィッドによって描かれました。彼はフランス革命で活躍した後に，ナポレオンの主席画家となりました。

❶皇帝ナポレオン
全体が光り輝いていました。靴下は金の縫い取りのある絹で，短ズボンと短上着は白ビロード，それにダイヤのボタンがついています。金糸銀糸で刺繍をし，金銀箔で飾った緋色の短いマント。頭には古代風に月桂冠とかしの葉の冠をかぶっています。

❷皇妃ジョゼフィーヌ
金と銀で刺繍し，金の蜂模様をちりばめた白サテンのドレス，レース編みの飾り襟，赤いビロードのマント，両耳と顎にダイヤ，頭にもダイヤでつくったティアラをつけています。肩にかけるコートにも金の蜂がまき散らされ，裏は白テンの毛皮で長さは23mあります。彼女の衣装代は75万フラン（現在の75万ドル），宝石は100万フランもしたといいいます。

❸教皇ピウス7世
皇帝が自身で冠を頭にのせることを甘受せざるをえませんでした。

ローマ教皇ピウス7世を招いてのナポレオンの戴冠式は，1804年12月にノートル・ダム寺院で挙行されました。

　人々が居並び，待ち構えるなか，皇帝ナポレオンと皇妃ジョゼフィーヌは，供ぞろいを従えて教会の中心である内陣に到達し，並んでひじ掛け椅子に腰をかけました。この間に教皇は自席から降りて祭壇にまで行き，そこで祈祷の歌をうたいます。両陛下は導かれて祭壇の下にまで行き，ひざまずいて頭と両手に，教皇から聖油による3回の塗油を受けました。そして教皇がミサを唱えている間に，両陛下はもとの席に戻りました。ついで教皇が祭壇上に置かれた冠，剣，コートなどを祝福すると，両陛下は塗油式と同じようにもう一度祭壇の下まで導かれました。そして祭壇の足もとで，ナポレオンは指輪，剣，コートなどを受け取り，ジョゼフィーヌも指輪とコートを受けました。次の瞬間，皇帝は勢いよく祭壇に上り，素早く祭壇上の帝冠を手にして列席者のほうに向き直ると，自分でその冠をかぶったのです。教皇の祝福は受けるが帝冠は自分の手で戴冠したのです。ついでジョゼフィーヌの頭上に皇妃の冠をのせました。この時点の様子をダヴィッドの絵は描いたものです。

(パリ，ルーブル美術館蔵)

端役を演じただけでした。

4 カンバセレス
ナポレオンから手渡された司法権を表す象徴として象牙製の手の形が付いた法杖をもっています。カンバセレスのような聖職者以外の男性は，ここではアンリ3世時代（16世紀後半）の様式の衣装をまとっています。頑丈な半靴，絹の靴下，白じゅすの袋袖，稚児風の上着，短いマントです。そして羽細工のトック帽。

5 ペルティエ将軍
君主の象徴である金の球体を運びました。この玉は歴代諸王の戴冠式には存在しませんでしたが，ここでは神聖ローマ帝国の思い出を呼び起こす役をしていました。

6 タレーラン

7 フェシュ枢機卿
ナポレオンの叔父。ナポレオンのために何でもやってくれる枢機卿。前日の夜，フェシュはナポレオンとジョゼフィーヌをチュイルリー宮殿で正式に結婚させました。聖職者はそれぞれその位階に応じた衣装をまといました。枢機卿や司教は金らんの司教冠をかぶっています。

8 ミュラ将軍
背が高く，着こなしが見事でした。大胆な将軍。ナポリ王となりました。彼の運んできた冠用のクッションをまだ手にしています。

9 ド＝モンセー将軍
皇妃のコートを納めるかごをもっています。

10 ラ＝ロシュフコー夫人
名門貴族で，ボーアルネ家（ジョゼフィーヌの先夫の家）の遠縁。

11 ラ＝ヴァレット夫人
ボーアルネ家の人で，ジョゼフィーヌの姪。ナポレオンは彼女を自分の副官に嫁がせました。

12 パリ大司教
92歳という高齢のためでしょう，腰を下ろしています。

13 ナポレオンの母レチア
左右に女官を従えています。左手にいるのがスルト元帥の妻，右手にいるのがフォンタンジュ夫人。背後には2人の侍従と皇太后専属の役人ボーモン＝ド＝ボンニニエール伯が控えています。

14 ナポレオン＝ルイ＝シャルル＝ボナパルト
のちのナポレオン3世の兄。まもなく死亡。

15 オルタンス＝ド＝ボーアルネ
ジョゼフィーヌの連れ子で，オランダ王ルイの妻となりました。のちのナポレオン3世の母。

16 ルイ＝ナポレオン
ナポレオンの兄弟。オランダ王。

**17 ナポレオンの兄（長男）。ナポリ王。のちスペイン王ともなりました。兄弟のリュシュアンとジェロームはナポレオンと不仲でここに参列していません。

77

Question 36

18〜19世紀

産業革命の原動力になった エネルギーとは？
〜産業革命〜

技術者のワットは，1765年頃から69年にかけて蒸気機関の実用化に成功しました。蒸気機関は紡績機や織機などの機械への応用や，蒸気機関車や蒸気船の登場をうながすなど，第一次産業革命の動力の主役となりました。

❶・❷ワットの蒸気機関：ワットは次の3点を改良しました。
（1）冷却器とシリンダーの分離（1765）。パパンの蒸気機関では未分化であったボイラー・シリンダー・冷却器が完全に分離しました。
（2）蒸気圧でピストンを動かします。（4）ここまでの蒸気機関は大気圧を利用して地下水を汲み上げていました。蒸気圧を利用することによって，1気圧以上の力を得ることが可能となりました。
（3）シリンダー内のピストンを往復運動させる（1782）。ここでの往復運動とは両方向に力が働くこと（仕事をすること）です（ポンプは片道運動，つまり一方向だけ力が働けばよく，あとはもどす装置を必要とするだけです）。ワットはシリンダー内に両方向から熱した蒸気を交互にいれることでピストンを往復運動させました。またクランクを用いることで，ピストンの往復運動を回転運動に変えました。これによって万能の原動機が出現したのです。というのは回転運動（円運動）がつくりだされたので，その力はベルトにのせて作業機へ運ばれようになったからです。工場でモーター（原動機）がまわっているのを見ればわかるように，近代の工場が必要とするのは回転運動です。こうしてどこででも（炭坑だけでなく），どんな目的にでも（揚水だけでなく）利用できる原動機が完成しました。

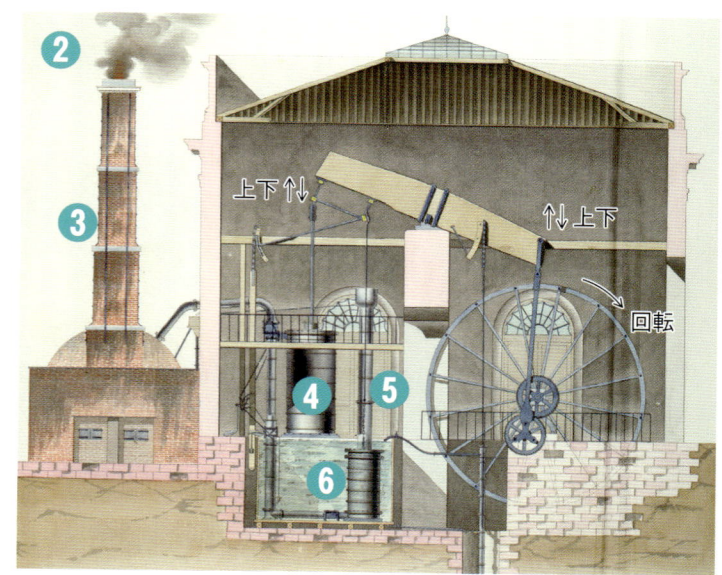

❸ボイラー
❹シリンダー
❺バルブボックス
❻冷却器

（フランス国立土木学校蔵）

産業革命は機械の発明であるとともに動力の転換でもあり，それは蒸気機関の発明で可能となりました。蒸気機関の歴史は，炭坑で使う揚水ポンプの歴史でもあります。石炭の需要が増大するにつれて，炭坑も露天掘りの時代が終わり，地下深く石炭を採掘するようになっていきました（右ページ図）。それにともない湧水の排水が大きな問題となり，蒸気機関を利用した揚水ポンプの発明・改良が促進されたのです。

　最初に実用化された蒸気機関は，セヴァリー(1650?～1715)が考案した蒸気機関で，ボイラーとシリンダーからなり，大気圧を利用して湧水を汲み上げるものでした。1705年ニューコメン(1663～1729)は，シリンダー内にピストンを使用した蒸気機関を発明しました。そしてワット(1736～1819)がこれに改良を加え，ポンプとしてだけでなく，さまざまな用途に利用できる「万能の原動機」が出現したのです。

❸横坑
❹扉番の少年：人や炭車が通るたびに扉を開閉します。
❺本立坑
❻本立坑を下る少年：この部分の絵は，少し誇張されています。
❼狭い坑道：少年少女が四つん這いになって炭車を引っ張ったり，押したりしました。
❽切羽を使う年長の少年

　1842年にイギリス議会に提出された炭鉱労働者に関する調査報告には，当時の炭坑における少年や婦人の労働について次のように書かれています。「炭坑および鉱山には4歳，5歳，7歳の児童が働いているが，しかしその大部分は8歳以上である。これらの児童たちは採掘された鉱石を切羽から馬車道や本立坑まで運搬したり，採掘場の各種の部分を仕切っている通気ドアを労働者や鉱石が通るときに開いたり閉じたりするために使われている。この扉の番にはたいていいちばん小さい児童が使われるのだが，これらの児童たちはこのようにして狭くて，たいていはじめじめした坑道に，毎日12時間も暗闇のなかで，たった一人で，しかも，何もしないというこの人を愚鈍化し，動物化する退屈さ——その退屈さをしのぐのに必要な程度の仕事さえもせずに，じっと坐っていなければならないのである。」

Question 37

19世紀

ウィーン会議を主導したのは誰？
~ウィーン体制のはじまり~

フランス革命およびナポレオンの登場によって混乱したヨーロッパをまとめるために、ウィーンで国際会議が開かれました。そこで議長を務めたのが、オーストリアの政治家メッテルニヒでした。

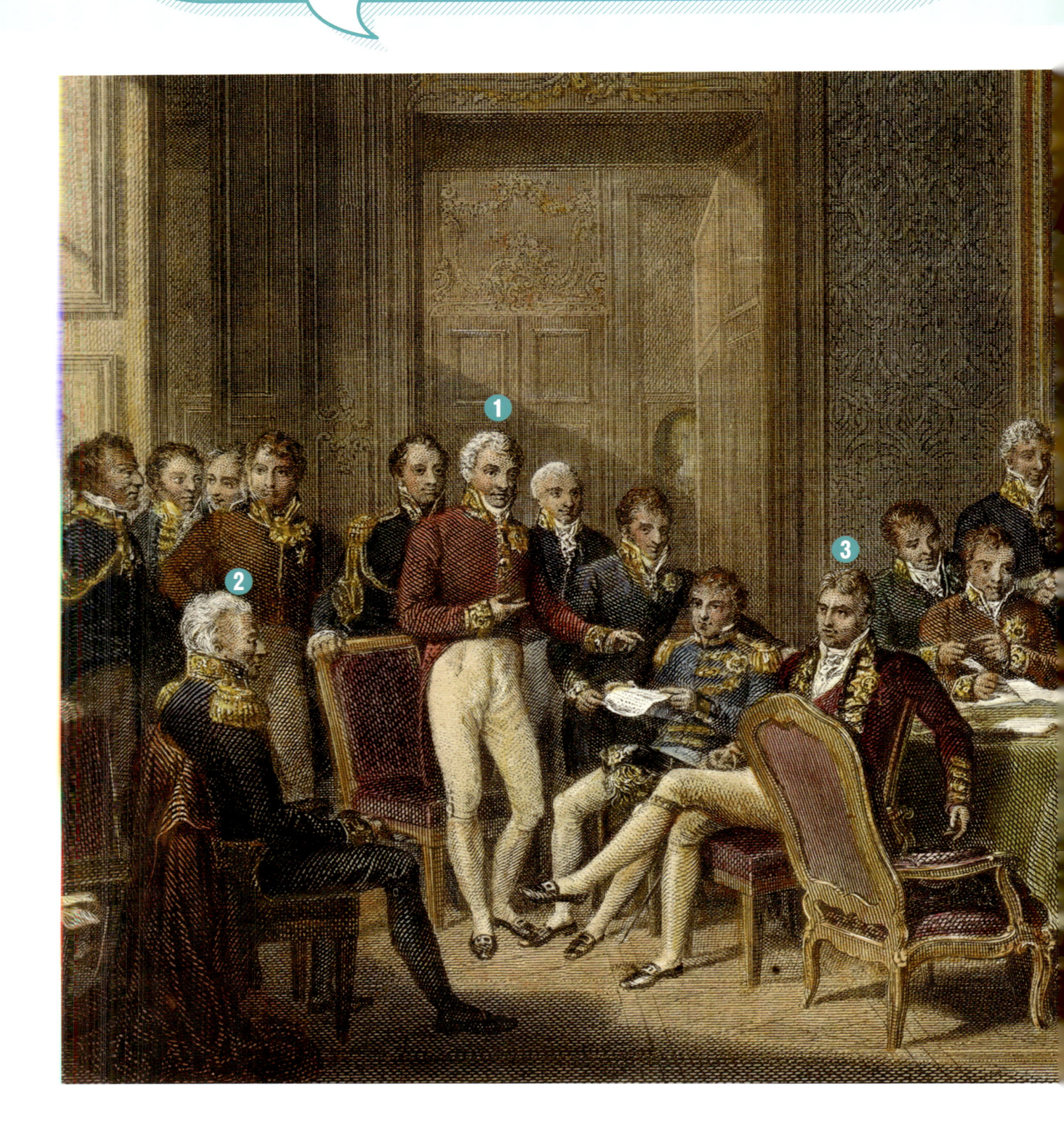

1814年9月から1815年6月まで，フランス革命戦争およびナポレオン戦争のあと始末のため，関係国の代表が集まってウィーンの王宮で国際会議が開かれました。これがウィーン会議です。しかし，このウィーン会議では各国代表が一堂に集まって議事することは一度もなく，ロシア・プロイセン・オーストリア・イギリスの4国が事前に協定して会議を指導したため，国際会議は実はこの4大国の協議であったといえます。

　会議において特に問題となったのは，ナポレオンがワルシャワ大公国を建てたポーランドと，ナポレオンに味方してロシア・プロイセンに占領されたザクセンの処分でした。ロシアはポーランドの支配を主張し，プロイセンはザクセンの併合を要求。ロシアの西進にはイギリスとオーストリアが反対し，プロイセンのザクセン併合はオーストリアが反対しました。このように4大国の利害が対立して会議は進展せず，"会議は踊る，されど会議は進まず"の有名な句が生まれたのです。しかしナポレオンがエルバ島を脱出するにおよんで，ようやく列国は妥協に向かい，1815年6月にウィーン最終議定書が調印されました。

❶ メッテルニヒ
　ウィーン会議を主導したオーストリアの政治家。コブレンツのライン貴族の家に生まれました。ナポレオン支配下にベルリン，パリなどの公使や大使を歴任。オーストリアがナポレオンに敗れたのち外相となり，マリー=ルイーズをナポレオンの皇后とし，フランスと中立関係を保ちました。1813年対仏同盟を結成し，ナポレオンを下しました。

❷ ハルデンベルク
　プロイセンの政治家。1798～1804年，外交部門担当大臣を務めましたが，ティルジット条約後ナポレオンの命令で罷免されました。1810年宰相となりプロイセン改革を推進しました。

❸ カッスルリー
　イギリス系アイルランド貴族の出身。ナポレオン時代になってインド担当大臣，植民大臣を務め，1812年に外相となりました。

❹ タレーラン
　もと僧侶。三部会の代議員となり，フランス革命のときに外交官，ナポレオン時代に外相を務めました。ナポレオンの侵略主義に反対して1808年以後遠ざけられました。

Question 38 「民衆を率いる自由の女神」を描いたのは誰？
～ドラクロワ「民衆を率いる自由の女神」～

19世紀

別名「1830年7月28日」ともよばれるこの作品は、その名の通り七月革命を題材に描かれました。作者はフランスのロマン主義の代表的画家ドラクロワです。彼の色彩豊かな作風はマネやモネなどにも影響を与えました。

❶

この絵は1830年7月28日にフランスで起きた七月革命を描いたものです。

　ブルボン朝が復活したフランスでは，フランス革命で国外に亡命していた貴族たちが，王政復古とともに続々と帰国し，絶対王制の復活をもくろんで過激王党派を構成しました。1824年，ルイ18世の死後，この派の指導者がシャルル10世として即位しました。新王は，革命で土地を没収された亡命貴族に賠償金を出すなど反動的な政策をおこなったのです。

　しかし議会では自由主義者が多数を占めるようになり，彼らが盛んに政府を攻撃すると，1830年7月，王は選挙権を制限する勅令を出しました。この七月勅令での選挙法改正は，産業家，商人，弁護士，医師の営業税を選挙資格認定の対象からはずすというもので，市民階級から選挙権を奪うものでした。七月勅令に反対する蜂起がパリで起こり，シャルルは退位し，代わって自由主義者であるルイ・フィリップが王位につきました。これが七月革命です。

(パリ，ルーブル美術館蔵)

❶民衆を率いる自由の女神（1830年）
　この絵は，1830年7月28日のフランスの7月革命の出来事を描いたものです。兵士と民衆の死体の山の上に立ち，三色旗を掲げている女性は自由を表しています。「自由の女神」はフランス革命以来，共和国フランスのシンボルとなっていました。左端の抜き身の刀をもった男は労働者で，その右のシルクハットをかぶり，マスケット銃を手にしているのはブルジョワ知識人であり，女神の右にはピストルをもった町の少年がいます。自由のための戦いが，パリの諸階層の人々を団結させたのです。そして背後の硝煙の中からはノートルダム大聖堂が見えますが，これはフランスの伝統を象徴しているとされます。

　ドラクロワはこの絵を1830年の10月から描きはじめました。彼は兄への手紙の中で次のように書いています。

「私は現代的な主題を描くことにした。バリケードだ……たとえ私が祖国のために戦わなかったとしても，少なくとも私は祖国のために描くだろう……」。

Question 39

フランス二月革命で打倒された政治体制は？
～二月革命～

19世紀

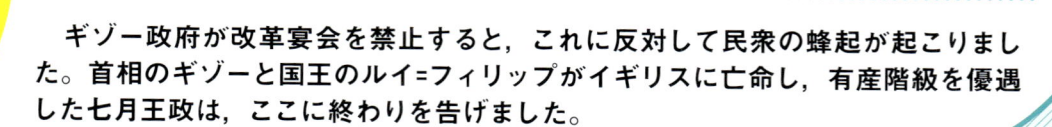

　ギゾー政府が改革宴会を禁止すると，これに反対して民衆の蜂起が起こりました。首相のギゾーと国王のルイ＝フィリップがイギリスに亡命し，有産階級を優遇した七月王政は，ここに終わりを告げました。

❶ **カピュシーヌ通りの惨劇（2月23日）**
　政府は国民軍を招集してデモの鎮圧にあたらせようとしましたが，国民軍の中には民衆に共感して民衆の側につく者も出はじめました。夜9時頃からサン-タントワーヌ街で労働者を中心とする下層民のデモが組織されました。デモ隊はたいまつを掲げて行進し，パリの中心部にあるカピュシーヌ通りに入り，外務大臣邸あたりにさしかかりました。その時，軍隊がデモ隊に向かって一斉射撃を行い，50人ほどの死者が出たのです。

（個人蔵）

❷ **民衆の葬送行進（2月23～24日深夜）**
　ただちに民衆の怒りの葬送行進が行われました。民衆は死体を馬車に積んで，カーニヴァルの山車を引くという形で大通りを練り歩きました。馬車の上には労働者が乗り，手にしたたいまつを後方に掲げて血塗られた死体を照らします。そして労働者は民衆に向かって叫びます。「復讐だ！　復讐だ！　民衆虐殺だ！」。これに対して民衆が「武器をとれ」と応じます。これが葬送行進の途中で間をおいてはくり返されました。このカーニヴァル風のデモンストレーションをきっかけに，民衆は一気に革命へと高揚していきました。

（個人蔵）

1847年の夏以来，フランスでは議会改革や選挙権の拡大を求める反政府派の改革宴会（集会）が各地で開かれました。はじめ参加者は改革派議員とブルジョワ名士たちでしたが，やがて急進共和派や社会主義者が加わり，民衆運動に発展しました。48年1月，ギゾー政府は改革宴会の弾圧を決意し，2月22日に，翌日に予定されたパリ第12区の宴会を禁止しました。しかし当日の朝になると民衆はぞくぞくと12区に集結し，やがてデモ行進に移っていったのです。「共和国万歳」のシュプレヒコールとラ・マルセイエーズの歌声が街々にこだましました。

❸ **バリケード（24日）**
街頭は武器をもった民衆でうまり，こわれた家具などをうづ高く積んだバリケードでうまりました。鎮圧に向かった国民軍の主力は決定的に民衆の側につき，革命の成功は保証されたのです。

（フランス国立図書館蔵）

❹ **ブルボン宮に乱入した民衆（24日）**
民衆は議会が置かれていたブルボン宮へ怒濤のように押し寄せ，これを占領しました。この図はブルボン宮内の議会に乱入した労働者や国民軍兵士です。ルイ＝フィリップから王位を譲られた9歳のパリ伯（ルイ＝フィリップの孫）とその母親オルレアン公妃のおびえる姿が見えます。

（個人蔵）

85

Question 40　ドイツ統一はどこの国がなしとげたの？
～ドイツ皇帝の戴冠式～

19世紀

ヴェルサイユ宮殿の鏡の間で行われたドイツ帝国の成立を宣言する式典は，ドイツ統一がプロイセンを中心に，王権の軍事力によってなしとげられたものであることをよく物語っています。

（ビスマルク美術館蔵）

1. 林立する軍旗
2. ヴィルヘルム1世
3. バーデン大公：万歳の音頭をとっています。
4. 宰相ビスマルク：ドイツ統一の立て役者
5. プロイセン軍参謀総長モルトケ
6. 式場となった鏡の間は奥行73m,間口10.5m,高さ12.3mあります。ピレネー産大理石の柱，金箔ブロンズの記念碑装飾，17の窓に面した鏡つきの17の拱廊があり，400枚の鏡が使用されました。鏡はこの絵ではいささかゆがんでいるように見えます。重商主義政策からヴェネチアのガラスを輸入禁止にして粗悪な国産のガラスを用いたためでしょうか。

　ドイツ帝国は1870年7月から翌年2月まで続いた普仏戦争の中から生まれました。それはドイツの政治的統一の完成でもあり，北ドイツ連邦が南ドイツのバイエルン王国，ヴュルテンブルク王国，ファルツ公国，バーデン公国の4領邦を併合することで成立したのです。
　壇上中央には皇帝となったヴィルヘルム1世が，正装である軍服姿で手に兜を持って立ち，その後方には帝国の君主たちが軍旗に囲まれて居並びます。そして一段低い広間には将軍や高級官僚たちが，軍服を着て並んでいます。プロイセン王ヴィルヘルム1世が，ドイツ諸君主を代表するバイエルン王ルトヴィヒ2世から帝冠を受け，帝国建設の最大の功労者であるビスマルクが，高らかにドイツ帝国の成立を宣言しました。そして本図のような場面となったのです。

Question 41 — 19世紀

1878年のベルリン会議を仲介した人物は誰？
～ベルリン会議～

露土戦争後，ロシア・オーストリア両国との同盟関係を重視し，両国の対立を懸念するドイツのビスマルクが仲介役を買って出ました。それにより，1878年ベルリンに関係諸国を招いて国際会議が開かれました。

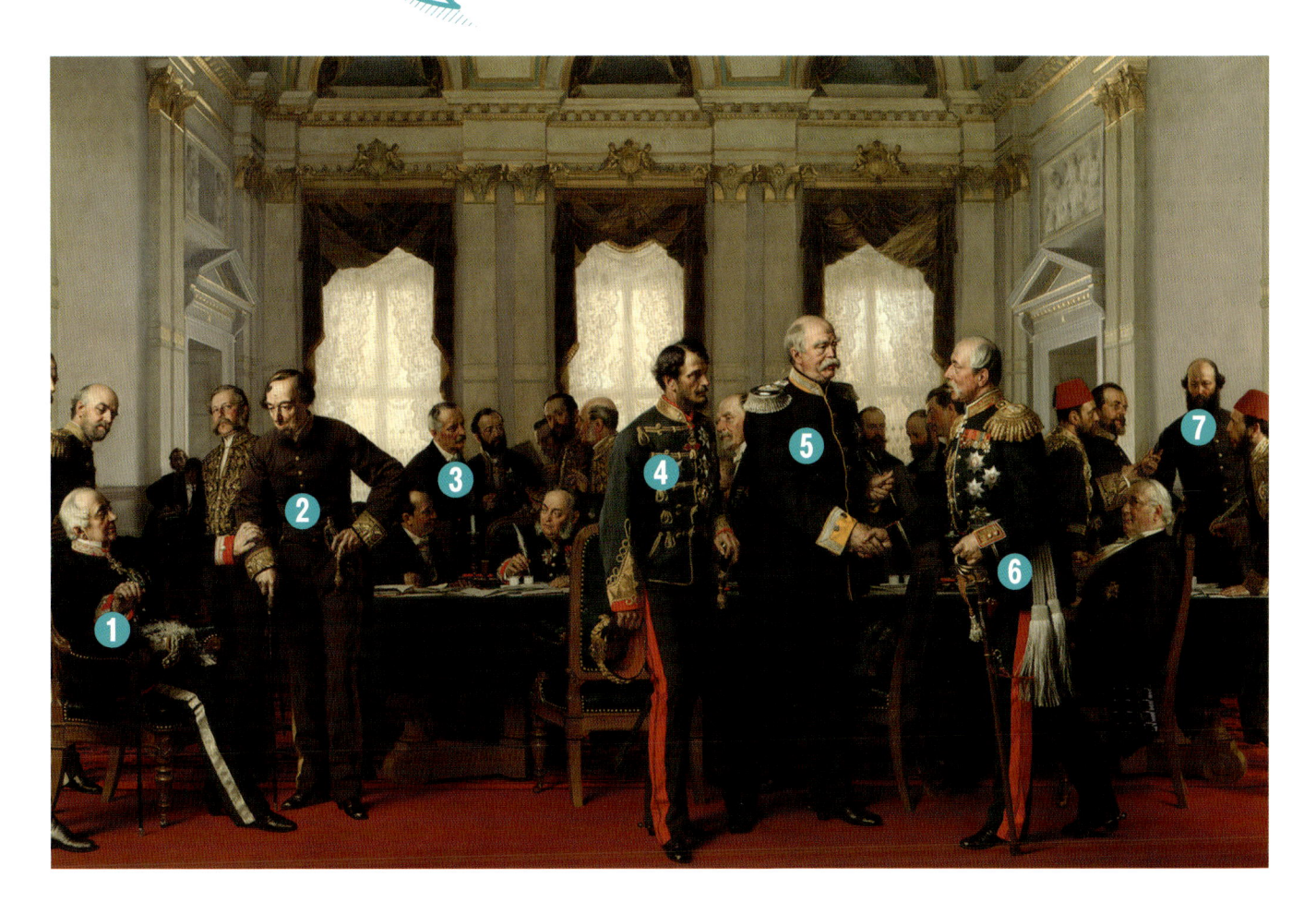

❶ コルチャコフ（露）：ロシアの外交官。彼はビスマルクと友好関係を維持してきましたが，主席全権として列席したベルリン会議でロシアがドイツに裏切られたと感じました。

❷ ディズレーリ（英）：当時の首相で，ベルリン会議に主席全権として参加。この会議でロシアの地中海進出が防止されたので，帰国するとイギリス外交の大勝利として歓迎を受け，彼自身もイギリス国民に「名誉ある平和」を持ち帰ったと告げました。

❸ ホーエンローエ（独）：当時パリ駐在大使。ドイツ代表の一人として会議に参加。1880年には外相代理となりビスマルクの外交政策を補佐します。94年にドイツ帝国宰相となりました。

❹ アンドラシー（墺）：オーストリア-ハンガリー帝国の当時の首相。1879年にはビスマルクとの間に独墺同盟を結びました。

❺ ビスマルク

❻ シュヴァロフ（露）：1874年から駐英大使。会議の全権の一員として参加し，コルチャコフを補佐しました。コルチャコフが病気で退席したあとは独力で臨みましたが，主張を貫くことはできず，ロシアの世論の非難をあびました。79年駐英大使を免ぜられ，引退しました。

❼ ソールズベリー（英）：1878年に外相となりベルリン会議に参加しました。81年には死去したディズレーリに代わって保守党の党首となりました。

第6章　ロシアとアメリカの発展

Question 42　ナロードニキは何をした人たちだろう？
～レーピンの描くナロードニキ

19世紀

"ナロード"はロシア語で"人民"を意味します。ナロードニキとは，19世紀後半の帝制ロシアで，"ヴ・ナロード（人民の中へ）"をスローガンに革命運動を展開した人々を指しています。

❶『農民に説くナロードニキ』
　この絵は，ナロードニキたちが農民に向かって革命に立ち上がるように説いているところです。ナロードニキは，ロシアでは農地の私有化が進んでおらず，農村共同体（ミール）が存続している，したがって農民は生まれつきの社会主義者であると考え，農民による社会主義革命を起こして皇帝専制政治を打倒しようとしました。ナロードニキ運動に参加した青年は貴族の子弟などエリート大学生で，将来の地位を約束されていました。彼らは人民の幸福のために己の社会的地位を放棄して農村に入っていったのです。

（ロシア美術館蔵）

❷『逮捕されたナロードニキ』(1878)
　しかしナロードニキのよびかけに農民は耳を貸しませんでした。この絵の中の農民たちは官憲に逮捕された青年に対してけっして同情の表情や姿勢を見せていません。むしろ自分たちは無関係であると背を向けているようです。
❸冷淡な村の長老たち
❹立会人
❺逮捕に協力する農民
❻ナロードニキに皇帝の指令書を読み上げる警官
❼間仕切りの陰から心配そうにのぞき見る女性：この中ではただ一人ナロードニキに同情しています。
❽警察署長と密偵：乱暴にナロードニキのトランクを開け，中の紙片を調べる警察署長と，それを見つめる密偵。
❾すき間だらけの床板：貧農の家であることを示しています。
❿逮捕されたナロードニキ：赤いルバーシカを着，裏切り者への敵意に満ちた目が鋭い。

（トレチャコフ美術館蔵）

西欧諸国と異なり，ロシアでは19世紀後半になっても皇帝専制政治（ツアーリズム）がつづき，農奴制が存続していました。皇帝アレクサンドル2世（位1855〜81年）は改革にのりだし，1861年農奴解放令をだして農奴の人格的自由を認めました。しかし，農地の分与は不十分かつ有償であったため，農民の地主への隷属関係が残りました。1870年代になると，知識人階級（インテリゲンツィア）の中に，農民による社会主義革命によってツアーリズムを倒そうと考えるものが多く現れました。彼らナロードニキ（人民主義者）は，"人民の中へ（ヴ・ナロード）"を標語として農村に入り込んだものの，農民の共感をよぶことはできず，官憲に弾圧されて運動は失敗しました。絶望した活動家の一部はテロリズム（暴力主義）にはしり，1881年には皇帝アレクサンドル2世を暗殺しました。

　これらは絵はロシアの画家レーピン（1844〜1930）によって描かれました。かれはペテルブルクの美術アカデミーに学び，『ヴォルガの舟曳きたち』で認められ，ウィーン・イタリア・パリに留学しました。その後，ナロードニキ運動に呼応して結成された，民衆の中で活動する反アカデミズムの移動展派に参加しました。

⓫『懺悔の拒否』
⓬教誨師：ロシア十字を手に死刑を宣告されたナロードニキ革命家に最後の懺悔を勧めています。
⓭死刑囚の暗い独房に，最後の朝の光が微かにさしています。
⓮革命家：迫りくる刑の執行を前に，あくまで教誨を拒否しています。

（トレチャコフ美術館蔵）

⓯『突然の帰還』(1884)
おそらく流刑地からでしょうか，釈放された一人のナロードニキが裕福なわが家にもどってきました。肉親の突然の帰還に家族は驚いています。しかし家族たちの表情は驚愕と一種の恐怖を示しており，帰還を歓迎する喜びにはあふれてはいません。

（トレチャコフ美術館蔵）

Question 43 19世紀

インディアンの弾圧はどうして起きたの？
~幌馬車と「涙のふみ分け道」~

19世紀を通じてアメリカでは西漸運動が行われ、西部開拓が進められてきました。その過程で、先住民であるインディアンは土地を奪われ、人口が激減していったのです。

❶

❶幌馬車は馬か牛が引く大型四輪の荷車で、荷台に幌がかけられるようになっています。荷台の床は平らでなく、ボートのように中央部が弓なりに曲がっていて、荷物が転げたり、落ちたりしないようになっています。4頭から6頭で引かれ、2tから3tの荷物を運ぶことができましたが、本来乗客用ではなく、御者は馬車に乗らずに歩くか、4頭立ての場合は後ろの馬に乗りました。幌馬車は西部へ移動する開拓民にとって最良の輸送手段だったのです。

チェロキー族は，アパラチア山脈南部地方に居住し，農耕と狩猟に従事したインディアンで，1820年代には独自の政府をつくり，アルファベットを利用したチェロキー文字も創案しました。

　1830年代にチェロキー族の領土内で金鉱が発見され，白人の侵入（ゴールド-ラッシュ）が起こり，インディアン強制移住法によって，彼らはミシシッピ川の西へ移住を迫られたのです。1838年，スコット将軍率いる7000人もの合衆国軍隊がチェロキーに到着し，10月のある冷たい雨の降る朝，チェロキー族を西へと旅立たせました。指定されたオクラホマまでの全行程は大河ミシシッピ川を越えて約1300km。支給された一枚の毛布とわずかばかりの荷物を持っての厳しい寒さに向かう季節の出発でした。政府は1人の全経費を660ドルとして移住を白人業者に請け負わせたので，業者は食費を最低に切りつめました。橋のない川の渡河，冷たい雨や雪，泥のようになった道，伝染病の流行に苦しめられ，脱走をはかれば，監視の兵士たちに容赦なく射殺されました。1839年3月にオクラホマへ着くまでに，移住者1万数千人のうちその4分の1が死んだのです。

❷西部開拓史はインディアンに対する不当な弾圧史でもありました。建国当時100万を超えるとされたインディアンは，1890年頃には25万人を下回るという激減ぶりを示し，白人による弾圧政策のすさまじさを物語っています。「涙のふみわけ道」(Trail of Tears，涙の旅路とも訳されています)といわれるチェロキー族の悲劇もその一こまで，この絵はそれを描いたものです。

Question 44 19世紀

大陸横断鉄道はどことどこを結んだのかな？
～大陸横断鉄道の建設とロング・ドライブ～

西部開拓が進むにつれて広がる国土を前に，大陸横断鉄道が必要であるとの声が高まりました。1869年5月に完成した大陸横断鉄道は，西部と南部を経済的・政治的に結びつける役割を果たしました。

❶大陸横断鉄道の完成を祝う人々

鉄道建設は1850〜60年代に大いに進展しました。1840年代後半オレゴン地方とカリフォルニア地方が正式に合衆国の領土となると，大陸横断鉄道の必要が叫ばれたものの，南部・北部の対立の問題にまき込まれて実現は遅れました。

　1861年南北戦争が始まると，翌年合衆国政府は太平洋鉄道法を成立させ，最初の大陸横断鉄道が政府の保護のもとで着工されました。工事はセントラル-パシフィック鉄道が東に向け，ユニオン-パシフィック鉄道が西に向けて線路をつくるという2社の共同作業で行われました。戦争中は建設はそれほど進みませんでしたが，戦後急速に進行し，69年5月，両鉄道はユタ州プロモントリーで結ばれて完成ました。左ページの写真は開通を祝い握手する両社の関係者です。

　南北戦争直後，テキサスで4ドルの牛が北部では40ドルもしました。そこで西部の安い牛を東部に運んで巨利を得ようとする動きが始まったのです。牧畜業者はこの牛を鉄道の最寄り駅へ運び，そこから東部へ送ることとなり，カウボーイが数千頭もの牛の大群を数か月かけて最寄りの駅まで追うロング-ドライブが1866年に始まりました。

❷ペコストレイル上の牧場

❸牛の町に至るトレイル

　ドライヴの終点は，最初はチザム-トレイル（地図参照）を通ってカンザス-パシフィック鉄道沿いのアビリーンでした。この間の距離は1600キロありました。

　その後鉄道が西に伸びるにつれてカンザスのウィチタ，エルスワース，ドッジシティ，さらにはユニオン-パシフィック鉄道沿いのシャイアンやララミーも中心となったのです。しかし80年代後半には過剰生産に陥り，気候の問題も加わって，放牧はしだいに固定された囲い込み牧場での牧畜に変わっていきました。

第7章 第一次世界大戦までの世界

Question 45　アフリカ分割に参加した国はどの国かな？
~アフリカ分割~

19世紀

ヨーロッパ列強によるアフリカ大陸の分割は、1880年頃からイギリス・フランスによる植民地化が本格化したことを皮切りに、20世紀初頭にかけてベルギー・ドイツ・イタリアなどが参加しました。

（リーズ美術館蔵）

❶ セシル=ローズのアフリカ分割
アフリカ縦断政策を進めるセシル=ローズを風刺した絵です。イギリスの帝国主義政策を推進した彼が、地図中に見えるカイロとケープタウンを足で押さえています。1890年から96年の間南アフリカのケープ植民地の首相となりました。その強引な手法が批判されたため1896年に辞任しましたが、その路線は本国植民地相ジョセフ=チェンバレンが継承し、南ア戦争（1899~1902年）へとつながったと言われています。

❷ ゴードンの最期
東スーダンは、1870年イギリス人と結んだエジプトに軍事的に制圧されましたが、81年にエジプトの混乱（アラービー=パシャの反乱）に乗じて侵略者への聖戦が起こりました（マフディーの乱）。そして85年には英将ゴードンがたてこもるハルトゥームを陥落させました。このとき、中国で太平天国の乱鎮圧に活躍し、その後イギリスのスーダン進出をになった帝国主義的英雄ゴードンが戦死しました。この絵の雰囲気は明らかに彼の死を美化しています。1896年イギリスは強力な軍隊を送り、2年間の激戦の末ハルトゥームを再占領しましたが、このとき歴史上はじめて機関銃の威力が発揮され、首都ウンム=ドゥラームを陥落させた戦闘では、マフディー側の死者約1万1千に対してイギリス人の戦死者はわずか28人でした。こうして東スーダンのイギリス支配は決定的となりました。

アフリカはヨーロッパ人にとって未知の"暗黒大陸"でしたが，19世紀中頃からリヴィングストンやスタンレーらの探検で知られるようになると，列強はアフリカへの関心を高めました。そしてビスマルクの提唱で開かれた，アフリカ領有の原則を定めたベルリン会議（1884～85年）をきっかけに，きそって進出を企てるようになりました。

イギリスは，1882年にエジプトを事実上の保護国とし，そことすでに獲得している南端のケープ植民地を結ぶように領土を獲得するアフリカ縦断政策をとりました。一方フランスは，西アフリカのセネガルから東アフリカのジブチを結ぶように領土を取得するアフリカ横断政策をとりました。さらにドイツ・ベルギーなども植民地を獲得し，20世紀初めにはエチオピアとリベリアをのぞくアフリカの全域が列強の植民地となりました。

❸ アドワの戦い

エチオピア皇帝メネリクは1893年イタリアとの友好通商協定を破棄してイタリアの干渉を排除しようとしましたが，エリトリアを拠点としたイタリアはエチオピアへの軍事侵入を行いました。しかし96年3月アドワの戦いでイタリア軍は総勢1万6000人のうち約6000人の戦死者をだす大敗を喫しました。この絵で見るように，エチオピア軍も近代的武装がなされていました。同年10月アジス＝アベバで和平協定が結ばれ，エチオピアの主権は保証されました。アフリカの勢力の中で唯一ヨーロッパ列強に勝利して独立を保てたのがエチオピア帝国でした。

Question 46 パリ万国博覧会では どんな建造物があったかな？
～パリ万国博覧会～

19世紀

パリ万国博覧会の建築としては第4回目のエッフェル塔が有名ですが，他にも同じく第4回のコンタマンの機械館や第5回のル=コルビジェによるエスプリ-ヌーボー館などが知られています。

（カルナバレ美術館蔵）

① コンタマンの機械館：ロンドン博覧会の水晶宮よりも大きく，構造的にも力強い表現です。ちょうつがい構造の採用で柱と柱の間が広くとれるようになり，建物内に広大な展示場をつくることが可能になりました。建物の幅は115m，全長は422mあります。
② エッフェル塔：最上階の展望台の上にエッフェルの住居がありましたが，テレビの電波送信所に変更されました。展望台は3か所あり，地上高247mの3階には70km先の近郊まで見渡せるレストランがあります。
③ 1873年の博覧会で建てられたパビリオン
④ セーヌ川

パリで最初の万国博覧会が開かれたのは1855年で，ロンドンの万国博覧会（1851）に対抗して国営で開催されたものでした。これはシャンゼリゼに面して設営された産業宮が主会場となりました。

　左ページの図は1889年のフランス革命100年を記念した第4回目のパリ万国博覧会の会場の模様です。この日のために技師エッフェルが計画した金属製の塔は2年余をかけて建設されました。このエッフェル塔は高さ312mで，1851年のロンドンの万国博覧会の水晶宮が錬鉄製構造物の記念碑とすれば，これは鋼構造物時代の開幕を告げる記念碑でした。エッフェルは橋梁，建築方面における鉄骨構造技術の開拓者で，エッフェル塔を利用して空気力学の研究も行いました。巨大な円天井を持った機械館も評判となり，また会場の照明に電灯が多量に使用され，本格的な電気の時代を予告したのです。

　なお19世紀にパリ以外で開催された主な万博には，1851年ロンドン，1853年ニューヨーク，1862年ロンドン，1873年ウィーン，1876年フィラデルフィア，1893年シカゴがあります。

（カルナバレ美術館蔵）

❺1855年のパリ博覧会の会場

❻1867年のパリ博覧会に出品された大砲

Question 47 20世紀

ロシア第一革命がおこった歴史的背景は何だろう？
～1905年のロシア第一革命～

かねてから対立関係にあった日本との戦争は、ロシア政府にとって、国内の労働者・農民の不満を外に転嫁する意味でも必要でしたが、戦局の悪化と重い軍費負担に民衆の不満は増大しました。

❶発砲するツァーリの軍隊：政府は事前に警戒体制をしき、停止しない隊列には発砲しました。ここナルバ門前に整列していた歩兵の一団は計5回の一斉射撃を浴びせました。

❷騎兵隊

❸ナルバ門　ナルバ区のペチェルゴーフ街道にあり、ここを通って冬宮へつながります。

❹撃たれた労働者：政府側発表で96人、実際には1000人以上の死者がでました。

❺十字架を手にデモの先頭に立つ僧侶のガポン：発砲されたが生き延び、亡命しました。

❻ナルバ支部の労働者とその家族：皇族の肖像画や教会旗、イコンを掲げて行進しました。

1905年，首都ペテルブルクにおいて，全市にストライキが広がるなかで，労働者の窮状を皇帝に訴え，政治改革や戦争中止を請願しようとする運動が，ガポンを中心に計画されました。1月22日（ロシア暦9日）の日曜日，10万人近い人々が工場街の支部ごとに冬宮（現エルミタージュ美術館）を目指しました。この当時のロシアでは，労働者の組合結成はもちろん，あらゆるデモが禁止されており，この請願への参加は弾圧を覚悟した上での必死のものでした。ガポンはプチロフ工場のあるナルバ支部の隊列の先頭に立ちました。人々は皇帝の肖像，十字架，イコン（聖像画），教会旗などを掲げ，賛美歌を歌いながら進みました。

　これに対し政府は軍隊を出動させ，市内要所の警備を固めました。ガポンらの通るペチェルゴーフ街道にも，何か所かの警戒線がしかれていました。その一つ，ナルバ凱旋門に近づいたとき，長剣を抜いた騎兵が行進に突入，なおも進む隊列に歩兵の一団が一斉射撃を浴びせた。発砲は冬宮前広場でも行われ，首都の雪を血で染めることになりました。この事件をきっかけに，ロシアは第一革命の高揚を迎えたのです。

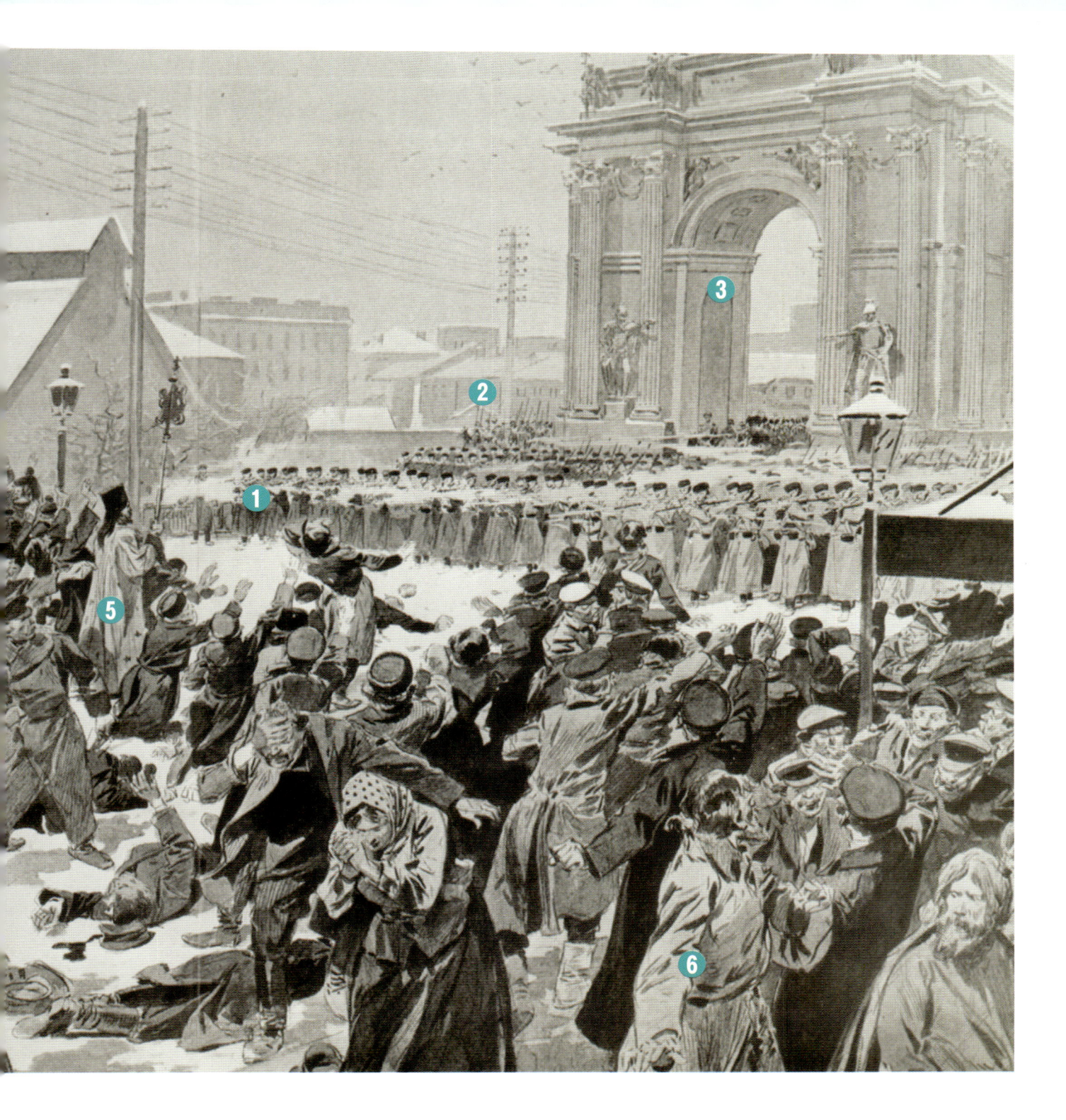

第8章 第一次世界大戦と戦間期

Question 48 20世紀
第一次世界大戦ではどんな兵器が使われたかな？
～兵器～

史上初の世界戦争となった第一次世界大戦では、戦争は長期化し、大量の死傷者を出しました。その原因となったのが、機関銃・戦闘機・戦車・毒ガスなどの新兵器の投入でした。

❶マキシム機関銃

機関銃は第一次世界大戦ではじめて登場したのではなく、最初の使用はマフディーの乱のときで、鎮圧に決定的な役割を果たしました。そして機関銃の威力は、第一次世界大戦勃発時に明らかになりました。機関銃が歩兵を身動きできなくさせ、騎兵を馬からおろし、部隊の作戦行動を妨げたため、戦争の形態が陣地戦あるいは塹壕戦へと変化していったのです。この塹壕戦に対応するために考案されたのが戦車です。本図のマキシム機関銃は1台で1個中隊に匹敵する威力をもっていました。

❷戦闘機

1905年ライト兄弟によって発明された飛行機は、しばらくのあいだ金持ちの趣味の域をでませんでしたが、第一次大戦中に長足の進歩を遂げました。はじめは気球にかわるものとして、偵察のために用いられましたが、機関銃を装備することで戦闘機となり、また爆弾を積んで爆撃機ともなりました。空軍力は大戦中に著しく増強され、両陣営あわせて1万機の飛行機が前線に配備されました。本図はドイツのフォッカー Dr.1戦闘機でドイツの撃墜王リヒトホーヘンが乗っていました。

❸戦車

戦車がタンクとよばれるのは、ソンムの戦いのときはじめて戦車を使用したイギリスが、戦場まで秘密に運ぶため輸送貨車上の戦車に覆いをかけ、それにTANKと書いたためです。英語でtankとは液体ないし気体を入れる容器のこと。いまだ本格的な対戦車火器が開発されていなかったので、戦車を集中的に用いられた場合、その侵攻の阻止は困難でしたが、戦況を決定できる威力・性能という点では、必ずしも十分ではありませんでした。

❹毒ガス

ドイツが毒ガス（塩素ガス）をはじめて攻撃に使用したのは、1915年4月、ベルギーのイープル市郊外でした。地をはって漂ってくる濃い黄色の霧にフランス兵1万5000人が冒され、5000人が死にました。毒ガスは風や湿気が影響するため使用法が難しく、攻撃側にも被害を及ぼすことがあり、またガスマスクがすぐに普及した（フランス軍は軍用犬や軍用馬のための防護マスクも製造した）ことなどから、こう着状態を崩すには至りませんでした。第一次世界大戦後、その使用は禁止されました。

第一次世界大戦において，戦争の様相自体を変えたものがあります。

　その第一は，戦車，毒ガス，戦闘機，爆撃機，潜水艦，長距離砲，機関銃，近代式手榴弾といった新しい兵器の使用です。これらの兵器は死傷者数を飛躍的に増加させ，また兵士の勇敢さではなく，火力や装備の物量的優劣が戦争の帰趨を決するようになってしまいました。

　その第二は，銃後に関することで，国民がかってないほど戦争遂行体制のなかに巻き込まれたことです。すなわち出征した男に代わって女性が工場で働くようになり，また生活物資の不足から，食糧の配給制を実施するなど国家が経済を統制するようになったのです。

❺イギリスの戦艦ドレッドノート号
当時の海軍の主力は戦艦でした。

❻ドイツの潜水艦
潜水艦は大戦前にすでに実用化されていましたが，大戦中に飛躍的にその性能が向上し，従来の海軍戦術や海運貿易の防衛・妨害手段は抜本的な修正を迫られました。特にドイツでは大戦の後半にUボート部隊が中心となり，連合国の商船団は甚大な被害を被りましたが，やがて護送船団方式の導入により損失は激減しました。

Question 49

20世紀

第一次世界大戦での戦い方はどんな風に変わったかな？
～戦場～

第一次世界大戦では，新しい兵器が出現したことや大量の武器・弾薬が投入されるようになったため，戦闘の姿は一変しました。もはや人間ではなく，非情で破壊的な物質だけがたよりにされるようになったのです。

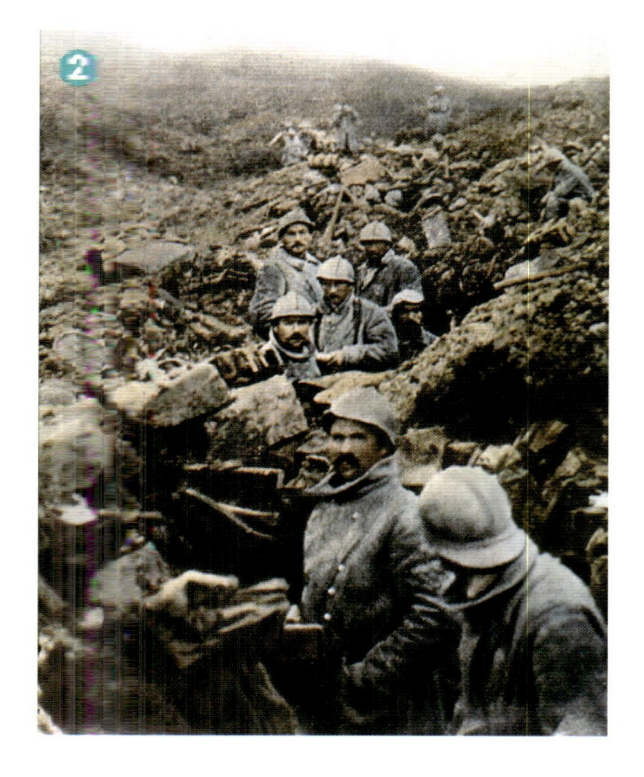

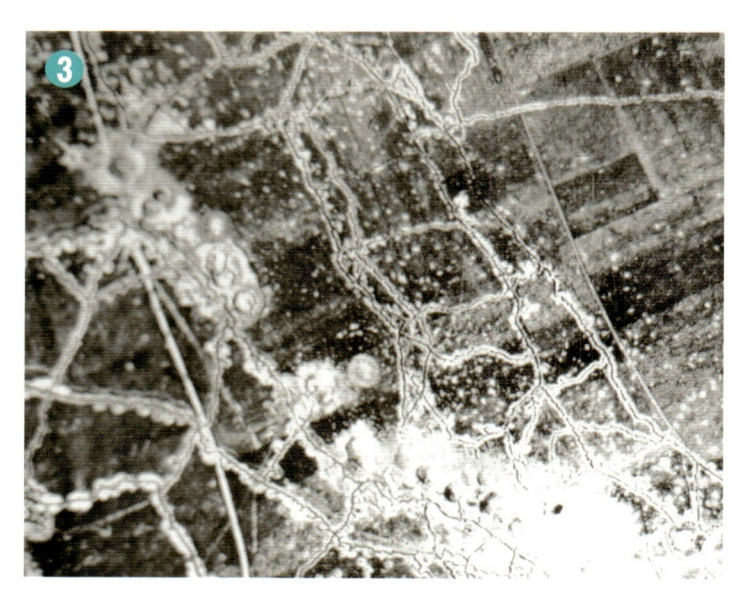

❶

❷

❸

第一次世界大戦では，新しい兵器が出現したことや大量の武器・弾薬が投入されるようになったため，戦闘の姿は一変しました。

　19世紀の戦争に見られたような，華麗なユニフォームを身にまとい，横隊や縦隊を組んで整然と行進しながら敵に向かっていくといった，悲壮ななかにもあった華やかさは消え失せたのです。とくに機関銃の使用が，立ったまま前進することを出来なくし，騎兵隊の戦力を奪いました。もはや人間ではなく，非情で破壊的な物資だけがたよりにされるようになり，どことなく無機的な現代戦争の様相がこのときからはじまったのです。

（個人蔵）

❶**突進する兵士たち**
　大量の砲撃がつづいたあとの大地は，死の大地となりました。すきかえされた地面の中の塹壕から兵士が身をおこし，攻撃する敵に向かって突進が行われました。いま砲煙が立ち込める中を，生死を偶然にゆだねた若者たちの突撃が敢行されています。

❷**塹壕での生活**
　機関銃の発達と連続する砲撃の結果，兵士たちは塹壕にこもらざるを得なくなりました。戦争は物量戦であり，前線へと何週間もかけて武器・弾薬が運ばれました。そして敵側の大砲が突然いっせいに砲門を開き，こちら側に向かって何時間も何日間も砲撃がくり返されました。そうした絶えず砲撃がくり返される中で，くる日もくる日も兵士は塹壕の中にいました。戦場での時間の大半が塹壕で過ごされました。特に雨の日は辛いもので，この写真のように泥まみれでひたすら耐えるしかありませんでした。

❸**塹壕網**
　フランスの西部戦線の一角を空中から撮影した写真です。上の4分の1はドイツ軍の占領地で，リボン状の塹壕網が見えます。写真中央の荒廃した中間地帯の真上には，連結壕で結ばれた3本の塹壕が見えています。中央右手に斜めに点々と丸く見えるのは地雷の爆発した跡です。写真の左側はイギリス軍の塹壕です。

❹**毒ガスの犠牲者たち**
　これは第一次世界大戦の悲惨さを伝える代表的な戦争絵画です。

Question 50

なぜアメリカ合衆国はドイツに宣戦したの？
～アメリカ参戦～

20世紀

アメリカは第一次世界大戦が開戦すると，中立の立場を維持してきました。ところが，ドイツの無制限潜水艦作戦によってアメリカ人の命が奪われると，一転してドイツに宣戦し，第一次世界大戦に参戦したのです。

1914年7月28日，第一次世界大戦が勃発すると，アメリカ合衆国大統領ウィルソンは，伝統の孤立主義政策と参戦が彼の国内改革政策を阻止することを恐れ，中立を宣言しました。合衆国では大戦に無関心か中立維持の態度が圧倒的でした。
　ところが，イギリスの海上封鎖に対して，ドイツは潜水艦による通商破壊戦に出ました。1915年2月4日，ドイツはイギリス周辺の海域を交戦海域と宣言し，この海域では中立国の船舶といえども撃沈すると発表しました。アメリカ国務省はドイツに抗議を行いましたが，1915年5月イギリス船ルシタニア号がアイルランド沖で無警告撃沈され，アメリカ人128名の命が奪われると，アメリカ国民の反独感情は増大させられました。
　その後も，1915年8月イギリス船アラビック号の無警告撃沈事件（アメリカ人2名死亡），1916年3月フランス船サセックス号がドイツ潜水艦に攻撃されると，アメリカ国民の対ドイツ感情は著しく悪化しました。さらに，1917年3月12日非武装米商船アルゴネン号が撃沈され，19日にはさらに3隻が沈められると，4月6日合衆国下院は375対50で対ドイツ宣戦の布告を可決しました。

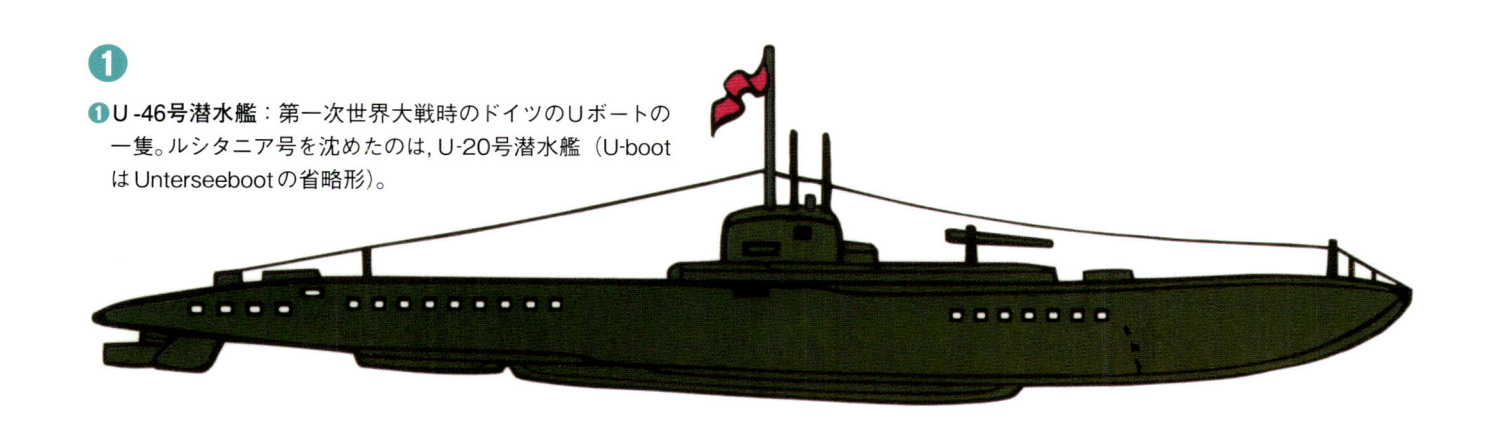

❶
❶U-46号潜水艦：第一次世界大戦時のドイツのUボートの一隻。ルシタニア号を沈めたのは，U-20号潜水艦（U-bootはUnterseebootの省略形）。

❷『ニューヨーク-タイムズ』1915年5月8日午前5時30分発行の号外
❸「ルシタニア号，潜水艦により撃沈される。犠牲者は1260名ほどのもよう。アイルランド沖で2回の魚雷攻撃を受け，15分で沈んだ。ターナー船長は救出され，フロウマンとバンダービルトは行方不明。ワシントンは重大な危機が迫っていることを確信している。」
　実際は，乗客・船員1957名中1198名が水死し，このうち128名（婦人37名，小児21名を含む）のアメリカ人が命を奪われました。記事中にはターナー船長は救出されたとありますが，彼も殉職しています。この重大なできごとは，アメリカ合衆国を対ドイツ戦争に参加させる原因となりました。
❹ルシタニア号：イギリスのキューナード汽船会社の大西洋航路豪華客船。総t数3万7393t, 長さ240.8m, 幅26.8m, 速力27.4ノット。壮麗ではあったが頑健とはいえませんでした。
❺1915年5月7日午後2時10分，ニューヨークから大西洋横断が終わり，アイルランド沖に近づいたところで，ルシタニア号は，ドイツの潜水艦から無警告で攻撃され，魚雷命中後，22分で沈没しました。

❺　　　　　　　　　　　　　　　　ロンドン

105

Question 51

ロシア革命を指導したのは誰だろう？
～ロシア革命～

20世紀

第一次世界大戦が継続する中，ボリシェヴィキの指導者レーニンが帰国し，革命をさらに進める指針（四月テーゼ）を発表しました。レーニンはトロツキーらとともに臨時政府を倒し，ソヴィエト政権を樹立しました。

❶ ウラジーミル=イリイチ=ウリャーノフ（レーニン）：1917年1月8日，第2回全ロシア・ソヴィエト大会で演説するレーニン。この大会で彼はソヴィエト中央執行委員兼人民委員会議長に選出され，国家の最高責任者となりました（47歳）。

❷ 小銃：この頃の小銃は，かつての滑腔式のマスケット銃ではなく，腔線（ライフル）を施した施条銃でライフル銃とよばれました。有効射程距離は200mで，連発式で毎分約12発の発射速度を有していました。第一次世界大戦中に歩兵の主要火器は，小銃から軽機関銃に移りつつありました。

❸ スターリン：1912年，亡命中のレーニンとクラクフで出会い，レーニンの死後，ジノーヴィエフ，カーメネフと主流派をなし，トロツキー派と対立しました。レーニンの葬儀では党を代表して弔辞を読みました（11月革命当時38歳）。

ペトログラード-ソヴィエトの軍事革命委員会は，グレゴリウス暦の1917年11月7日午前10時，ロシア暦では1917年10月25日（以後グレゴリウス暦を使用）に，ケレンスキーを首班とする臨時政府から権力を奪取したことを宣言しました。冬宮が包囲攻撃されている間に，スモーリヌィ貴族女学院の講堂では，第2回全ロシア-ソヴィエト大会が開会されました。8日の午前3時すぎに再開された会議で，レーニンの提案は採択され，ロシアは社会主義の道を歩みはじめたのです。

　ロシア革命の公約であった憲法制定会議のための普通選挙は，11月25日に行われました。農民重視のエスエル党（社会革命党）が40.4％の票を得て第一党となり，ボリシェヴィキは24％で第2党に甘んじました。会議が翌年の1月に開かれると，ボリシェヴィキ派の議員たちは，「革命の昨日を表すもの」（時代遅れの意）としてエスニル左派の議員たちとともに退場し，憲法制定会議を実力で解散させたのです。ロシア国民の間に存在した議会制民主主義への幻想に，最終的に終止符を打った瞬間でした。この後，スターリンの独裁やブレジネフの時代が続くことになります。

❹ この写真では演壇右の階段にトロツキーとカーメネフがいますが，スターリン独裁時代には両者の像を消した修正写真が流布しました。

❺ ポーランド戦線に向かう兵士を送るレーニン（1920年5月5日　レーニン50歳）：1920年4月，ポーランドのピウスツキはウクライナ民主共和国の求めに応じて，ポーランド・ウクライナ協定を締結し，ウクライナ民主共和国とボリシェヴィキ政府との戦闘に対して，ウクライナ民主共和国を積極的に援助する旨を約し，同年5月，ポーランド軍はキエフを占領しました。この動きはソヴィエト政府にとり反革命軍による第三次攻撃を意味し，トハチェフスキーの率いる赤軍が出動し，6月には反撃に転じキエフを解放しました。

❻ カーメネフ（36歳）：11月革命では，武装蜂起に反対したが，革命後はモスクワ-ソヴィエト議長などを務めました。レーニンの死後，スターリンなどと三人組を形成し，トロツキーを失脚させました。のちにスターリンの一国社会主義論と対立し，1933年反ソ陰謀を理由に銃殺されました。

❼ トロツキー（40歳）：11月革命後，ドイツとのブレスト-リトフスク条約締結の革命政府の代表となりましたが，条約締結に反対して辞任しました。軍事人民委員として内戦時代に赤軍を組織化し，ネップに反対して永続革命論を唱えました。レーニンの死後スターリンなどの三人組と対立し，国外追放となり，ノルウェーを経てメキシコに居住しましたが，1940年同地で暗殺されました。

Question 52　20世紀
ドイツのインフレーションはどうして起こったの？
～1923年のドイツのインフレーション～

第一次世界大戦の敗戦によって多額の賠償金を抱えたドイツは、その不履行を理由にフランスにルール地方を占領されました。ルール地方の生産の低下は、ドイツ経済に大きな打撃を与えたのです。

❶給料を運ぶ洗濯かご：このように給料を受け取るにもこの洗濯かごが必要であり、給料日には洗濯かご持参で出勤しなければなりませんでした。せっかくもらった賃金も物価の上昇には追いつけず、人々は生活水準の低下を強いられました。生活費を補うため、道ばたで貴重品を売る中産階級の婦人たちの姿があちこちで見られました。また彼らが持っていた預金、保険、債権の価値は失われ、経済的打撃は大きいものでした。
一方、このインフレで得をした人々もおり、大地主は巨額の負債を一掃できましたし、資本家も莫大なインフレ利得を手にすることができました。

1923年1月11日にフランスはベルギーを誘い，賠償不履行を理由にルール工業地帯を占領しました。ルール地方を失ったことで生産活動が低調となり，ドイツ経済の致命傷となりました。

　1923年8月に成立したシュトレーゼマン大連合政権はルールでの抵抗をやめ，新紙幣レンテンマルクの発行と労働の強化によってインフレの抑制に努めました。シュトレーゼマン首相はドイツ-レンテンバンクを設立し，1レンテンマルクを1兆マルク紙幣と交換することにより，通貨の安定化をはかりました（11月15日）。さらに，ルター蔵相は11月末にライヒスバンク総裁と協力してレンテンマルクの維持に努めました。翌年の1月にレンテンマルクは金本位制に基づくライヒスマルクと交換され，経過的措置としての役割を完了しました。一般に「レンテンマルクの奇跡」といわれるほど貨幣価値は安定しました。さらに，1924年8月に成立したドーズ案により賠償問題も改善され，ドイツ経済は安定したのです。しかし，1923年11月には，ヒトラーによるミュンヘン一揆が起きており，1929年10月に世界恐慌が起きると，その影響を受けてドイツ経済も混乱状態に陥りました。

❷

	対ドル為替相場	卸売物価指数	生計費	熟練労働者賃金
1913年	1	1	1	1
14年	1	1		1
15年	1	1		1
16年	1	1		1
17年	1	1		1
18年	1	2		2
19年	4	4		4
20年	15	14	10	6
21年	24	19	13	10
22年	449	341	150	94
23年 1月	4281	2785	1120	643
3月	5048	4388	2854	1678
5月	11355	8170	3816	2283
7月	84186	74787	37651	24870
8月	1100632	994041	586045	577836
9月	2300万	2300万	1500万	1200万
10月	60億	70億	80億	50億
11月	5220億	7250億	6570億	3150億
12月	1兆	1兆2610億	1兆2470億	6940億

❷1923年のインフレーション（1913年＝1）
　1923年に入ってのドイツのインフレはすさまじいものがあり，この表によると10年間と比較して，対ドル為替相場は1兆倍となり，生計費は1兆2470億倍となりました。これに対し，熟練労働者の賃金は6940億倍となったにすぎず，労働者大衆の苦難は大きいものでした。

❸

❸500万マルク紙幣：Markとは銀の重量単位で，1マルクは2分の1ポンド。1871年ドイツ帝国成立後，帝国銀行は単一の発行銀行となり，1909年の貨幣法以後，金本位制も完全実施されました。1914年に第一次世界大戦が勃発すると，帝国銀行は金兌換を停止して，ドイツは紙幣マルクの時代に入りました。この紙幣は大戦後のインフレ時に発行されました。

109

Question 53 アメリカ合衆国の大恐慌はどうして起こったの？
～アメリカの1929年の大恐慌～

20世紀

大恐慌が起こった直接の原因は，不健全な株価の上昇にあったとされています。しかし，その根本的な原因は，第一次世界大戦後のアメリカ社会で需要と供給のバランスが崩れていたことにありました。

❶ 職を探す人：この時代には，外出時に大部分の人が帽子をかぶりました。このような帽子をかぶった大企業のサラリーマンが翌日には職探しや，リンゴ売りのため街頭に立つこともめずらしいことではありませんでした。恐慌以後は，経済性のためか男性で帽子をかぶらない者が多くなりました。

❷ 「わたしがほしいのは職であり，慈善ではない。誰もわたしに仕事をくれない。7年間もデトロイトでは仕送りができない。しっかりした身元保証人もいる。電話○○○○○○　59号室」

❸ T型フォード：大量生産方式により1924年には290ドルとなり，労働者でも簡単に手に入るようになりました（当時のフォード工場の黒人労働者の日給は5ドルでした）。
GMのシボレーK型と，このシボレーK型に対抗するためにモデルチェンジしたA型フォードは，1929年初頭まで増産を続け，アメリカ人の5人に1人が自動車を所有するようになりました。

「暗黒の木曜日」といわれる1929年10月24日，ニューヨークのウォール街ではこの日1日だけで1300万株が売られ，「最悪の日」といわれる10月29日（火）には1640万株が売られました。株価は，前月の約半分になってしまいました。恐慌がアメリカ全土に拡大し，ついには全世界にその影響を及ぼすに至ったのです。
　アメリカの景気の後退は輸入を減少させ，これはヨーロッパやアジア諸国の国際収支を悪化させ，対米債務の元利支払いを困難にさせました。ヨーロッパやアジア諸国からアメリカ資本が引き上げられると，これらの国々に金融恐慌が起こり，アメリカの金融機関に悪影響を及ぼしたのです。1931年5月にオーストリア最大の銀行クレディット-アンシュタルトが支払いを停止したこの年の秋以降，アメリカでも取りつけ騒ぎのため閉鎖に追い込まれる銀行が続出しました。
　しかし，フーヴァー大統領の不況対策は，均衡予算の枠を越えない金融的措置を主としたもので，従来の景気循環の谷とは質的に異なる大不況を，克服する力はありませんでした。「膝まで小麦に埋まってパンに行列する（Poppendieck）失業者が街にあふれました。

❹1930年，パンの配給を求めて行列する失業者（ニューヨーク）。アメリカ合衆国が大不況から抜け出すのは，冬に日本の真珠湾攻撃が起こった1941年になってからでした。

Question 54 ソ連の社会主義建設の立役者は？
～ソ連の社会主義建設～

20世紀

ソ連共産党の中心だったレーニンの死後，その後継者をめぐる争いが激化しました。そこでトロツキーらを排除し，党内の主導権を握ったのは一国社会主義論を唱えたスターリンでした。

❶クラーク撲滅運動
　農業では，コルフォーズ（集団農場）・ソフォーズ（国営農場）の建設による農業の集団化が強行されました。農業集団化は工業発展より困難をともないました。それは農民の支持を得られずに強行したからです。集団化達成のためにクラーク撲滅運動が展開されました。クラークとは富農のことです。土地財産の没収に抵抗したクラークは容赦なく弾圧されました。

❷ソ連では，1924年にレーニンが死ぬと指導者の間で政策をめぐる対立がおこり，結局，一国社会主義論を提唱したスターリン（1879～1953）が，世界革命論を唱えるトロツキーら反対派を党から追放して，その指導権を確固たるものとしました。そしてソ連はスターリンのもとで1928年から第1次・第2次の五カ年計画（1928～32，1933～37）を実施し，重工業を中心とした工業化と農業の集団化を達成しました。この2度の五カ年計画によってソ連の工業は飛躍的に発展し，工業生産高は世界第2位となりました。

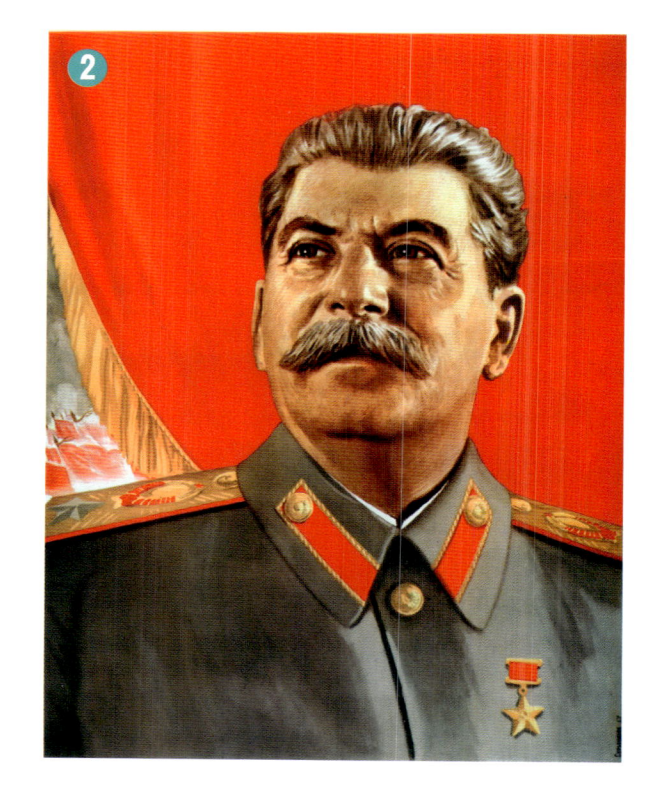

ソ連では、1924年にレーニンが死ぬと指導者のあいだで政策をめぐる対立がおこり、結局、一国社会主義論を提唱したスターリン（1879〜1953）が、世界革命論をとなえるトロツキーら反対派を党から追放して、その指導権を確固たるものとしました。そしてソ連はスターリンのもとで1928年から第1次・第2次の五ヵ年計画（1928〜32、1933〜37）を実施し、重工業を中心とした工業化と農業の集団化を達成したのです。この二度の五ヵ年計画によってソ連の工業は飛躍的に発展し、工業生産高は世界第2位となりました。

このソ連の高度経済成長は、資本主義国の経済が恐慌にあえいで停滞しているときの出来事であったので、資本主義国の知識人の一部には、ソ連社会主義を称賛する声が高まりもしました。

❸❹ドニエプル水力発電所の建設
この2枚の写真は、完成当時世界最大の水力発電所であったドニエプル水力発電所の建設開始時の工事現場と、完成したときの式典の模様です。この発電所は、1928年に起工し、1932年10月に完成したもので、第1次5カ年計画の代表的なプロジェクトの1つでした。ソ連の社会主義経済建設は、工業では重工業の発展が重視され、大規模な工場やコンビナートの建設が行われました。そのための機械や諸設備は先進国から輸入し、見返りに穀物などを輸出しました。それでも不足する機械力は、いわゆる人海戦術をもって補い、社会主義の未来への確信とナショナリズムの鼓吹によって人々の建設意欲が高められました。上の写真のように土砂は人力で掘り、馬車に積んで運びました。これが人海戦術といわれたものです。

Question 55

20世紀

ナチスの支配手段は何とよばれたの？
〜ナチス〜

ナチスの総統ヒトラーは，共産主義も民主主義も排除し，極端な国粋主義のもとで暴力的な独裁体制を押し進めました。このような政治体制をファシズムといいます。

❶ナチスの選挙ポスターを見つめる人々
1928年の国会選挙でナチスが獲得した議席は491議席中12，社会民主党が153でしたが，30年には577議席中ナチスが107，社会民主党が143，32年の7月には608議席中ナチスが230，社会民主党が133，32年11月には584議席中ナチスが196，社会民主党が121でした。

❷❸1930・32年のポスター
上はナチスのポスターで，"われらの最後の希望，それはヒトラーだ"とよびかけています。下は社会民主党のポスターで，"彼らは民主主義の敵だ！ 彼らは去れ それゆえ，候補者名簿を選べ"と警告しています。

❹総統の肖像画：ヒトラーの肖像画は学校の教室や官庁・事務所などに掲げられ，総統の姿をドイツ人の心の中に刻み込むこととなりました。

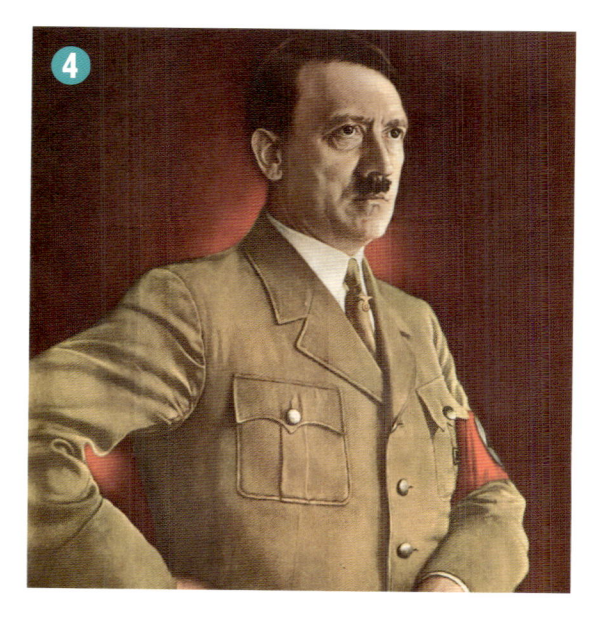

1928～33年の世界恐慌により深刻な打撃を受けたドイツでは，ヒトラー（1889～1945）の率いるナチス（国民社会主義ドイツ労働者党）が幅広い支持を得て飛躍的に勢力をのばして1932年の選挙で第一党となり，翌年1月ヒトラー内閣が合法的に成立しました。

　新政府は，他の政党を解散させてナチスの一党体制を樹立し，ヒトラーは1934年ヒンデンブルク大統領が死ぬと，みずから大統領をかねて総統となり，独裁政を確立しました。このナチスの支配するドイツを第三帝国（1934～45）といいます。

　ヒトラーは，言論・出版の自由をうばって報道機関を統制し，労働組合を禁止して，労働者と企業家を強制的に官製のドイツ労働戦線に加入させました。また青年や女性を国家的団体に組織し，教育を統制下におきました。そして秘密警察ゲシュタポや親衛隊ＳＳの暴力によって反対勢力を徹底的に抑圧し，またユダヤ人を迫害しました。一方，高速自動車道路建設などの土木事業や軍需工業に大規模な投資を行ったので，失業者は急速に減少しました。

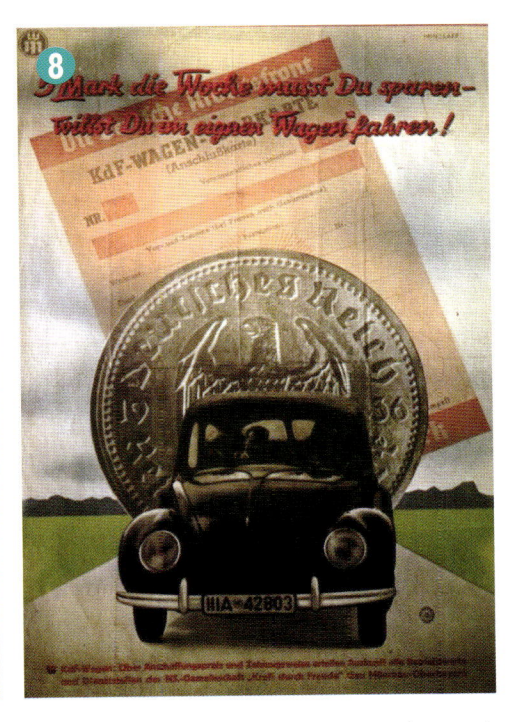

❺ **ナチスの大集会**：この写真では，制服姿のナチ党員が，神のような指導者の指令を待ち受けています。ナチスはその勢力を内外に誇示するため，1923年頃からニュルンベルクで大集会を開きました。党の大会の中では，ヒトラーがユダヤ人，国際資本主義，ボルシェヴィズム，平和主義を嘲笑の対象とする長い演説を行いました。

❻ **動員される若者**：この写真のように，少年たちはナチスの指導のもとで体制に自分を捧げるように訓練されました。10歳から14歳までの男子は「ドイツ少年団」，女子は「ドイツ少女団」，14歳から18歳までの男子は「ドイツ青年団」，女子は「ドイツ女子青年団」にそれぞれ組織されました。ドイツが敗色濃厚となった大戦末期には，16歳になった者までが，軍服を着せられました。

❼ **ナチス＝ブランドのラジオ**：1933年3月の総選挙の直後，ヒトラーは啓蒙宣伝省を設置しました。これによって，彼は世論形成に大きな影響を与えるラジオ・新聞・映画・演劇など主要なマス＝メディアを完全に統制下に置きました。ラジオ放送は国営とされ，ナチス宣伝に利用されました。写真は"国民の受信機"とよばれた規格型のラジオで，大いに普及しました。

❽ **「国民車」のポスター**：ヴォルフスブルク工場製の「かぶと虫」車。愛称のフォルクスワーゲンは国民車の意味。このポスターには"週に5マルク節約すれば，この車が手に入る"とあります。

Question 56

20世紀

ミュンヘン会談では何が話し合われたの？
～ミュンヘン会談～

ナチスのヒトラーが，ドイツ・ポーランド国境地帯のズデーテン地方を併合しようと画策したことを受けて，英・仏・伊・独による会談が開かれました。この会談でヒトラーの要求は英・仏に受け入れられました。

イタリアのムッソリーニの仲介により，フランスのダラディエ首相も出席して，英仏独伊の首脳によるミュンヘン会談が行われることになりました。結局，ミュンヘン協定ではヒトラーの要求どおり10月10日までにズデーテン地方はドイツに割譲されることになりました。この協定により戦争の危機が回避されたとして，ミュンヘンから帰ったチェンバレンもダラディエも，英仏国民から歓迎されました。しかし，ミュンヘン協定の成立は，ソ連や東ヨーロッパの小国の英仏に対する不信を決定的なものにしたのです。

チェンバレンの後にイギリス首相の座につくチャーチルは，当時閣外にあって，1938年9月の段階で戦争に踏み切れば，連合国側の勝算の条件が整っていたことを指摘しています。そして，「最後に驚くべき事実は，1938年1か年だけで，ヒトラーはオーストリアとズデーテンを併合し，オーストリア人650万人，ズデーテン人350万人，合計1000万人以上の人民，労働者，軍人を彼の絶対的支配下においたということである。事実恐るべきバランスがヒトラーのために有利に傾いたのである」(チャーチル『第二次世界大戦』河出書房新社）と言っています。

❶イギリス首相アーサー＝ネヴィル＝チェンバレン（1869.3.18～1940.11.9）：第三次ソールズベリー内閣の植民地相として活躍したジョセフ＝チェンバレンの第二子で，異母兄のジョセフ＝オースティンとともに第二次ボールドウィン内閣に入閣し，保健相として活躍しました。1937年5月ボールドウィン引退にともない首相となり，ミュンヘン協定を成立させました。第二次世界大戦中，ノルウェー作戦の失敗の責任をとって1940年5月に辞職し，首相の地位をチャーチルに譲りました。

❷フランス首相エドアルト＝ダラディエ（1884.6.18～1970.10.11）：1936年6月，ブルム人民戦線内閣の副首相となり，同内閣瓦解後の1938年4月に首相となりました。ミュンヘン会談ではチェンバレンとともに対独宥和政策をとり，第二次世界大戦が勃発すると辞職しました。フランス降伏後，ヴィシー政府に逮捕され，終戦後オーストリアの収容所からアメリカ軍により救出されました。戦後も国民議会の議員をつとめました。

❸ドイツ，ナチス総統アドルフ＝ヒトラー（1889.4.20～1945.4.30）：彼は日常生活において，早朝の4時頃ベッドに入り，昼頃まで寝転んで新聞などを読んでいた，といいます。ひどいヒステリーで喜怒哀楽が激しい人物でした。来客には一方的に演説するのみで，会話にはなりませんでした。動作は意気消沈か猛烈な活動かのいずれかでした。菜食主義者で酒は飲まず，たばこも吸いませんでした。1945年4月29日秘書のエヴァ＝ブラウンと結婚し，翌4月30日午後3時過ぎに夫婦で自殺しました。死体はあとに残らないように十分に焼かせたといわれています。（『世界歴史事典』平凡社参照）

❹イタリア首相ベニト＝ムッソリーニ（1883.7.29～1945.4.28）：1921年5月，31名のファシストとともに代議士に当選し，1922年10月15日から始まるローマ進軍という非合法な手段で，政権の座につくことができました。それは，当時（第一次世界大戦後）のイタリアが革命の危機に直面しており，資本家団体を含む資本家階級がファシストの政権獲得を支援していたからです。第二次世界大戦でイタリアが敗退すると，罷免・投獄されました。一時ドイツ軍により救出されましたが，1945年4月25日にパルチザンに再逮捕され，4月28日に銃殺に処せられました。

付 録
本文をお楽しみいただくための参考資料

世界史年表 ／120
おもな遺跡と都市 ／128

世界史年表

年代	ギリシア・ローマ, ヨーロッパ	オリエント・西アジア	南・東南アジア	北・東アジア	日本
前7000		農耕・牧畜の開始 （食料生産革命）			
前5000				中国文明 ┌黄河文明 │　仰韶文化 └長江文明	
	エーゲ文明	エジプト文明 メソポタミア文明 　シュメール人			
前3000		アッカド人	インダス文明		
	クレタ文明 　クノッソス ミケーネ文明 　ミケーネ・ティリンス	バビロン第一王朝 　ハンムラビ法典 ヒッタイト・ミタンニ・カッシート	アーリヤ人のパンジャーブ地方侵入	竜山文化 殷朝建国 周朝建国 　封建制度	
前2000	暗黒時代（前12C〜前8C）	アラム人・フェニキア人			
前1000 前800	ギリシャにポリス形成 753　伝説上のローマ建国	ヘブライ王国 　┌イスラエル王国 　└ユダ王国 アッシリアが史上初めてオリエント統一		770　春秋時代 　春秋の五覇	縄文時代
前700	ドラコンの立法 　（貴族政治）	リディア・メディア・新バビロニア・ エジプト			
前600	594　ソロンの改革 　　（財産政治） 561　ペイシストラトスが僭主となる（僭主政治） 509　共和政ローマ 508　クレイステネスの改革	586　バビロン捕囚 550　アケメネス朝ペルシャ建国 　　ダレイオス1世（第3代）	6世紀　マガダ国建国 　　　コーサラ国建国 563頃　釈迦誕生 仏教・ジャイナ教の成立	551頃　孔子誕生	
前500	500　ペルシャ戦争（前〜449） 450頃　十二表法 431　ペロポネソス戦争（〜404）	490　マラトンの戦い 480　サラミスの戦い		403　戦国時代（〜前221） 　戦国の七雄	
前400	367　リキニウス・セクスティウス法 338　カイロネイアの戦い 334　アレクサンドロス大王の東方遠征（前〜324） 306　アンティゴノス朝マケドニア建国	330　アケメネス朝滅亡 312　セレウコス朝シリア建国 304　プトレマイオス朝エジプト建国	327　マガダ国のナンダ朝, アレクサンドロス大王の侵略を受ける 317　マウリヤ朝建国（〜前180） 　　チャンドラグプタ		弥生時代
前300	287　ホルテンシウス法 264　ポエニ戦争（〜前146） 　カンネーの戦い（前216） 　ザマの戦い（前202） 　ハンニバル vs スキピオ	255頃　バクトリア建国（〜139） 248頃　パルティア建国（〜後226）	268　アショーカ王即位 　　第3回仏典結集 203　南越建国 　　（ベトナム北部；〜前111）	221　秦朝建国（〜前206） 　始皇帝 209　匈奴の冒頓単于即位 202　漢朝建国（〜後8）劉邦	
	ラティフンディアの成立 133　グラックス兄弟の改革			154　呉楚七国の乱 139　武帝, 張騫を大月氏に派遣 　塩・鉄専売, 均輸法	

年代	ギリシャ・ローマ,ヨーロッパ	オリエント・西アジア	南・東南アジア	北・東アジア	日本
前100	73 スパルタクスの反乱 60 第1回三頭政治 44 カエサル,終身の独裁官就任 43 第2回三頭政治 27 オクタヴィアヌス,元首政開始	53 パルティア,カルラエの戦いでクラッススを敗死させる 31 アクティウムの海戦 30 プトレマイオス朝滅亡	前1世紀 サータヴァーハナ朝建国（～後3世紀）	司馬遷,『史記』(紀伝体)完成 中国に仏教伝来 37頃 高句麗成立	弥生時代
1	9 トイトブルク森の戦い（ローマ軍惨敗） 64 ネロ帝のキリスト教迫害 96 五賢帝時代（～180） 98 トラヤヌス帝即位（ローマ帝国の領土最大）	30頃 イエス=キリスト刑死	1世紀 クシャーナ朝建国（～3世紀） 扶南（カンボジア；～7世紀） オケオ遺跡	8 新朝（～23）王莽 25 後漢朝建国（～220） 劉秀（光武帝） 57 光武帝,倭の奴国の使者に金印 91 班超,西域都護になる 97 甘英を大秦国（ローマ帝国）派遣	
100	161 マルクス=アウレリウス=アントニヌス帝即位 『自省録』		130頃 カニシカ王即位 第4回仏典結集 ガンダーラ美術 2世紀 チャンパー建国（ベトナム南部；～17世紀）	2世紀中頃 鮮卑,モンゴル高原統一 166 大秦王安敦の使者,日南郡到着 184 黄巾の乱（太平道,張角）	
200	211 カラカラ帝即位 235 軍人皇帝時代（～284） 284 ディオクレティアヌス帝即位 ドミナトゥス（専制君主政）開始	226 サリン朝ペルシア建国（～651） アルデシール1世 260 サリン朝のシャープール1世,ローマの軍人皇帝ヴァレリアヌスを捕虜にする		208 赤壁の戦い 220 後漢滅亡 三国時代（魏・呉・蜀）始まる 265 晋朝建国（～316）司馬炎 290 八王の乱	古墳時代
300	313 ミラノ勅令（コンスタンティヌス帝,キリスト教公認） 325 ニケーア公会議 330 コンスタンティノープル遷都 375 ゲルマン人の大移動 392 キリスト教,ローマ帝国の国教となる 395 ローマ帝国,東西に分裂		320頃 グプタ朝建国（～550頃） チャンドラグプタ1世 376 チャンドラグプタ2世即位	304 五胡十六国時代（～439） 313 高句麗,楽浪郡を滅ぼす 317 東晋建国（～420）司馬睿 4世紀中頃 百済と新羅建国 399 東晋の僧法顕,インドに出発	
400	431 エフェソス公会議 451 カタラウヌムの戦い 496 フランク王国のクローヴィス,アタナシウス派に改宗		5世紀 カーリダーサ『シャクンタラー』 ナーランダー僧院建立	420 南朝（～589） 439 北朝（～581） 471 北魏の孝文帝即位 均田制・三長制・漢化政策	
500	527 ビザンツ帝国,ユスティニアヌス帝即位 529 モンテ-カシノ修道院設立（ベネディクトゥス） 6世紀前半『ローマ法大全』編纂	6世紀 サリン朝のホスロー1世,突厥と結んでエフタルを滅ぼす	6世紀 クメール人,真臘建国（カンボジア；～15世紀）	552 突厥,モンゴルに建国 581 隋朝,建国（～618）楊堅	
600	ビザンツ帝国,軍管区制（テマ制）と屯田兵制を施行	622 ヒジュラ（聖遷） 632 正統カリフ時代（～661） 642 ニハーヴァンドの戦い 661 ウマイヤ朝建国（～750）ムアーウィア	606 ヴァルダナ朝建国（～647） ハルシャ=ヴァルダナ 7世紀 シュリーヴィジャヤ王国建国（スマトラ島；～14世紀）	618 唐朝,建国（～907）李淵 626 李世民即位,貞観の治 676 新羅,朝鮮半島統一 690 則天武后,周建国（武周革命）	飛鳥時代

年代	ギリシャ・ローマ, ヨーロッパ	オリエント・西アジア	南・東南アジア	北・東アジア	日本
700	726 ビザンツ帝国のレオン3世, 聖像禁止令 732 トゥール・ポワティエ間の戦い 756 ピピン, ラヴェンナ地方をローマ教皇に寄進 　　後ウマイヤ朝建国（～1031） 　　　（イベリア半島）	711 ウマイヤ朝, 西ゴート王国を滅ぼす 750 アッバース朝建国（～1258） 　　アル＝アッバース 751 タラス河畔の戦い, 製紙法西伝 786 ハールーン＝アッラシード即位	8世紀 シャイレンドラ朝建国 　　（ジャワ島；～9世紀）	712 玄宗即位, 開元の治 744 ウイグル, モンゴルに建国 755 安史の乱 　　安禄山, 史思明 780 楊炎, 両税法施行	飛鳥時代 奈良時代
800	800 カール大帝の戴冠 843 ヴェルダン条約 862 ノヴゴロド国建国 　　リューリク 870 メルセン条約 882頃 キエフ公国建国	875 サーマーン朝建国（～999） 『千夜一夜物語』の原型成立	802 アンコール朝成立 　　（カンボジア；～1432）	875 黄巣の乱	
900	911 ロロ, ノルマンディー公国建国 962 神聖ローマ帝国成立（～1806） 987 カペー朝成立（仏；～1328） 989 キエフ公国のウラディミル1世, ギリシア正教に改宗	909 ファーティマ朝建国（～1171） 932 ブワイフ朝建国 10世紀中頃 カラ・ハン朝建国（～12世紀中頃）	962 ガズナ朝建国（～1186）	907 五代十国時代（～960） 916 遼（～1125）, モンゴルに建国 918 高麗（～1392）, 朝鮮半島に建国 937 大理, 雲南に建国（～1254） 960 宋朝建国（北宋；～1127） 　　趙匡胤	平安時代
1000	1013 クヌート, イギリス征服 1066 ノルマン朝成立（英；～1154） 1077 カノッサの屈辱 1095 クレルモン公会議 1096 十字軍の遠征（～1270）	1038 セルジューク朝建国（～1194） 1055 セルジューク朝, バグダード入城 1077 ホラズム朝建国（～1231）	1009 李朝, ベトナム北部に建国（～1225） 1044 パガン朝, ミャンマーに建国（～1287）	1004 澶淵の盟 1038 西夏（～1227）, 中国北西に建国 　　李元昊 1069 王安石の改革	
1100	1130 両シチリア王国建国 1143 ポルトガル独立 1154 プランタジネット朝成立（英；～1399） 1198 インノケンティウス3世即位	1131 西遼建国（カラ・キタイ；～1211） 　　耶律大石 1169 アイユーブ朝建国（～1250） 　　サラディン	1148頃 ゴール朝建国（～1215） 12世紀 アンコール・ワット造営	1115 金（～1234）, 中国東北部に建国 1126 靖康の変 1127 南宋朝成立（～1279） 　　秦檜 vs 岳飛	
1200	1204 ラテン帝国建国（～1261） 1215 マグナ・カルタ成立 　　ジョン王 1241 ワールシュタットの戦い 　　ハンザ同盟成立 1243 キプチャク・ハン国建国（露；～1502） 1256 大空位時代（独；～1273） 1295 模範議会（英）	1250 マムルーク朝建国（～1517） 1258 イル・ハン国建国（～1353） フラグ 1299 オスマン帝国建国（～1922）	1206 デリー・スルタン朝（～1526） 1225 陳朝, ベトナム北部に建国（～1400） 1257 スコータイ朝, タイに建国（～15世紀） 1293 マジャパヒト王国, インドネシアに建国（～1520頃）	1206 モンゴル帝国建国（～1271） 　　チンギス＝ハン 1229 オゴタイ＝ハン即位 1271 元朝建国（～1368） 　　フビライ＝ハン	鎌倉時代

年代	ギリシャ・ローマ，ヨーロッパ	オリエント・西アジア	南・東南アジア	北・東アジア	日本
1300	**1302** 三部会（仏） **1303** アナーニ事件 **1328** ヴァロワ朝成立（仏；〜1589） **1339** 百年戦争（〜1453） **1348** 西欧に黒死病（ペスト）大流行 **1356** 金印勅書（独） 1358 ジャックリーの乱（仏） 1381 ワット＝タイラーの乱（英）	1370 ティムール帝国建国（〜1507） 1389 コソヴォの戦い 1396 ニコポリスの戦い	1351 アユタヤ朝，タイに建国（〜1767） 14世紀末 マラッカ王国，マレー半島に建国（〜1511）	1351 紅巾の乱 **1368** 明朝建国（〜1644） 朱元璋 **1392** 朝鮮王朝建国（李氏朝鮮；〜1910） 李成桂 1399 靖難の役	南北朝時代 室町時代
1400	**1414** コンスタンツ公会議 **1455** バラ戦争（英；〜1485） **1479** スペイン王国成立 1480 モスクワ大公国自立 1485 テューダー朝成立（英；〜1603） **1492** コロンブス，アメリカ到達	1402 アンカラの戦い ティムールに敗北 1453 オスマン帝国，ビザンツ帝国を滅ぼす メフメト2世	1428 黎朝，ベトナム北部に建国（〜1789）	1405 永楽帝，鄭和を南海遠征に派遣（〜1433） 1449 土木の変	
年代	南・北・中央アメリカ	ヨーロッパ	アフリカ，西・南・東南アジア	北・東アジア	日本
1500	**1521** アステカ帝国，コルテスに征服される **1533** インカ帝国，ピサロに征服される 1545 ポトシ銀山の開発 1584 ヴァージニア植民地建設（英）	**1517** ルターの宗教改革 1519 マゼラン，世界周航に出発 1534 首長法，イギリス国教会成立 1541 カルヴァンの宗教改革 1545 トリエント公会議（〜1563） **1555** アウクスブルクの宗教和議 **1562** ユグノー戦争（〜1598） **1568** オランダ独立戦争（〜1609） 1571 レパントの海戦 **1588** アルマダ海戦 **1598** ナントの勅令（仏） 1600 イギリス東インド会社設立	1501 サファヴィー朝，イランに建国（〜1736） 1526 ムガル帝国，インドに建国（〜1858） 1529 第1次ウィーン包囲 1531 トゥングー朝，ミャンマーに建国（〜1752） 1538 プレヴェザの海戦 16世紀末 マタラム王国，ジャワ島東部に建国（〜1755）	1550 アルタン＝ハン，北京包囲 1557 ポルトガル，マカオ居住権を獲得 1573 張居正の改革 一条鞭法，全国で実施 1592 豊臣秀吉の朝鮮侵略（壬辰・丁酉の倭乱；〜1598）	戦国時代 桃山時代安土・
1600	1608 ケベック建設（仏） 1620 ピルグリム-ファーザーズ，プリマス上陸 1664 ニューアムステルダムをニューヨークと改称（英） 1682 ルイジアナと命名（仏） 1689 ウィリアム王戦争（〜1697）	1602 オランダ東インド会社設立 1603 ステュアート朝（英；〜1714） 1604 フランス東インド会社設立 1613 ロマノフ朝（露；〜1917） **1618** 三十年戦争（〜1648） **1628** 権利の請願（英） **1642** ピューリタン革命（英；〜1649） 1648 ウェストファリア条約 1651 航海法（英） 1652 イギリス-オランダ戦争（英蘭戦争；〜1674） **1688** 名誉革命（英） **1700** 北方戦争（〜1721）	1623 アンボイナ事件 1683 第2次ウィーン包囲 1699 カルロヴィッツ条約	**1616** 後金建国（〜1636） 1624 オランダ，台湾を占領 **1636** 後金，清と改称（〜1912） **1644** 李自成の乱，明滅亡 清，中国を支配 1661 鄭成功，台湾を占領 1673 三藩の乱（呉三桂；〜1681） 1683 康熙帝，台湾を征服 **1689** ネルチンスク条約（康熙帝 vs ピョートル1世）	江戸時代

年代	南・北・中央アメリカ	ヨーロッパ	アフリカ,西・南・東南アジア	北・東アジア	日本
1700		1701 スペイン継承戦争　ユトレヒト条約（1713）		1727 キャフタ条約 1732 雍正帝,軍機処を設置	江戸時代
	1702 アン女王戦争（～1713）	1714 ハノーヴァー朝（英）ジョージ1世即位			
		1740 オーストリア継承戦争（～1748）	1744 カーナティック戦争（～63）		
	1744 ジョージ王戦争（～1748）	1756 七年戦争（～1763）	1744頃 ワッハーブ王国（～1889）,サウジアラビアに建国		
	1755 フレンチ-インディアン戦争（～1763）		1752 コンバウン朝,ビルマに建国（～1885）		
	1765 印紙法		1757 プラッシーの戦い	1758 乾隆帝,ジュンガル部平定	
	1773 茶法　ボストン茶会事件	1772 第1回ポーランド分割 18世紀後半　産業革命（英）			
	1775 アメリカ独立戦争 1776 アメリカ独立宣言　パリ条約（1783）		1778 西山朝,ベトナムに建国（～1802）		
			1782 ラタナコーシン朝,タイに建国（～現在）		
	1787 アメリカ合衆国憲法制定	1789 国民議会（仏）　フランス革命			
	1789 ワシントン,初代大統領就任	1791 立法議会（仏） 1792 国民公会（第一共和政;仏） 1795 総裁政府（仏） 1799 統領政府（仏）	1796 カージャール朝,イランに建国（～1925） 1798 ナポレオンのエジプト遠征	1793 マカートニー（英）,訪中 1796 白蓮教徒の乱（～1804）	
1800	1803 ミシシッピ川以西のルイジアナをフランスから買収（米）	1804 ナポレオン,皇帝即位（第一帝政;～1815） 1805 トラファルガーの海戦 1806 大陸封鎖令 1807 ティルジット条約 1808 スペイン反乱（半島戦争）（～1814）	1802 阮朝,ベトナムに建国（～1945） 1805 ムハンマド=アリー,エジプト総督に就任		
	1804 ハイチ独立（ラテンアメリカ最初の独立）				
	1812 米英戦争（アメリカ-イギリス戦争:～1814）	1812 ロシア遠征 1813 ライプチヒの戦い 1814 ウィーン会議（～1815） 1815 ワーテルローの戦い		1811 洪景来の乱（朝鮮;～1812） 1813 天理教徒の乱 1816 アマースト（英）,訪中	
	1819 スペインからフロリダ買収 1820 ミズーリ協定	1821 ギリシャ独立戦争（～1829）　アドリアノープル条約	1824 ビルマ戦争（～1886） 1828 トルコマンチャーイ条約（露vsイラン）		
	1823 モンロー宣言				
	1830 インディアン強制移住法	1830 七月革命（仏）　ルイ=フィリップ即位	1830 アルジェリア出兵（仏） 1831 エジプト-トルコ戦争（～1840）		
	1845 テキサス併合 1846 オレゴン併合　アメリカ-メキシコ戦争（～1848）	1832 第1回選挙法改正（英） 1834 ドイツ関税同盟発足 1848 二月革命（仏）,諸国民の春　ウィーン三月革命　ベルリン三月革命	1839 タンジマート（恩恵改革） 1848 バーブ教徒の乱（イラン）	1840 アヘン戦争　南京条約（1842） 1843 虎門寨追加条約 1844 望厦条約（米）　黄埔条約（仏）	
	1848 カリフォルニア獲得				
1850		1852 ナポレオン3世即位（第二帝政,～1870） 1853 クリミア戦争（～1856）	1857 インド大反乱（～1859） 1858 イギリス東インド会社解散　ムガル帝国滅亡	1851 太平天国の乱（～1864） 1856 アロー戦争（～1860）　天津条約（1858）　北京条約（1860） 1858 アイグン条約（露・清）	
	1854 カンザス-ネブラスカ法				
	1861 南北戦争（～1865） 1862 ホームステッド法 1863 奴隷解放宣言	1859 イタリア統一戦争 1861 農奴解放令（露）　イタリア王国の成立	1859 フランス-ベトナム戦争（仏越戦争）　サイゴン条約（1862） 1862 フランス,カンボジアを保護国化	1860年代 洋務運動（～1890年代）　同治の中興	

124

年代	南・北・中央アメリカ	ヨーロッパ	アフリカ，西・南・東南アジア	北・東アジア	日本
1866	1867 アラスカ買収 1869 大陸横断鉄道完成	1866 普墺戦争（プロイセン-オーストリア戦争） 1870 普仏戦争（プロイセン-フランス戦争：～1871）	1869 スエズ運河開通		江戸時代
1870		1871 ドイツ帝国成立 パリ-コミューン（仏） 1877 ロシア-トルコ戦争（～1878） 1878 ベルリン条約 1882 三国同盟（独・墺・伊）	1877 インド帝国成立（～1947） 1883 ユエ条約（仏，ベトナムを保護国化） 1885 インド国民会議創立 1887 フランス領インドシナ連邦成立（～1945）	1874 台湾出兵（日本） 1875 江華島事件 1876 日朝修好条規 1881 イリ条約 1884 清仏戦争 　　天津条約（1885）	明治時代
	1889 パン-アメリカ会議 1890 フロンティア消滅 1898 米西戦争（アメリカ-スペイン戦争） 　　パリ条約 　　ハワイ併合 1899 門戸開放宣言（～1900）	1887 ブーランジェ事件（仏） 1894 ドレフュス事件（仏）	1891 タバコ-ボイコット運動（イラン） 1898 ファショダ事件（英vs仏） 1899 南アフリカ戦争（～1902）	1894 甲午農民戦争（東学党の乱） 　　日清戦争 　　下関条約（1895） 1895 三国干渉 　　変法運動 1898 戊戌の政変 1900 義和団事件（～1901）	
1900	1903 パナマ，アメリカの援助でコロンビアから独立 　　ライト兄弟，飛行機の初飛行に成功 1910 メキシコ革命（～1917）	1904 英仏協商 1905 第1次ロシア革命（血の日曜日事件） 　　第1次モロッコ事件（タンジール事件） 1906 アルヘシラス会議 1907 英露協商（三国協商成立） 1908 墺，ボスニア・ヘルツェゴヴィナ併合	1905 ベンガル分割令（印） 　　イラン立憲革命（～1911） 1906 インド国民会議派カルカッタ大会 　　スワラージ・スワデーシ 1908 青年トルコ革命 　　ブルガリア独立	1902 日英同盟 1904 日露戦争 　　ポーツマス条約（1905） 1905 中国同盟会結成 孫文 　　科挙廃止 1907 ハーグ密使事件（朝鮮） 　　日仏協約，日露協約 1908 憲法大綱，国会開設公約（清） 1910 韓国併合	
1910		1911 第2次モロッコ事件（アガディール事件） 　　イタリア-トルコ戦争 1912 第1次バルカン戦争 1913 第2次バルカン戦争		1911 辛亥革命 1912 中華民国成立，清滅亡 孫文，臨時大総統就任 1913 袁世凱，大総統就任	
	1914 パナマ運河開通 1915 ルシタニア号事件 1917 米，第一次世界大戦に参戦 1918 ウィルソン大統領，十四カ条の平和原則 1919 禁酒法（米） 1920 女性参政権獲得（米） 　　ラジオ放送開始（米）	1914 サライェヴォ事件 　　第一次世界大戦（～1918） 1915 イタリア，連合国側で参戦 1917 ドイツ，無制限潜水艦作戦を宣言 　　ロシア革命（三月革命，十一月革命） 1918 ブレスト-リトフスク条約 　　ドイツ革命 　　第一次世界大戦終結 1919 パリ講和会議 　　ヴェルサイユ条約 1920 国際連盟成立	1915 フセイン-マクマホン協定 1916 サイクス-ピコ協定 1917 バルフォア宣言 1919 ローラット法（印） 　　ガンディー，非暴力・不服従運動 　　インド統治法 1920 セーヴル条約（トルコ）	1915 二十一カ条要求 1917 文学革命（中国：陳独秀，胡適） 1919 三・一運動（朝鮮） 　　五・四運動（中国） 　　中国国民党成立	大正時代
1920	1921 ワシントン会議（～1922） 　　四カ国条約 　　九カ国条約 　　ワシントン海軍軍備制限条約	1922 ラパロ条約 　　ムッソリーニ政権成立（伊） 　　ソヴィエト社会主義共和国連邦成立（～1991）	1922 トルコ革命（～1923） 1923 ローザンヌ条約（トルコ） 　　トルコ共和国成立	1921 中国共産党成立 1923 関東大震災（日本） 1924 第1次国共合作（中国） 　　モンゴル人民共和国成立	

125

年代	南・北・中央アメリカ	ヨーロッパ	アフリカ,西・南・東南アジア	北・東アジア	日本
1923	1924 移民法（米）	1923 ルール占領 1924 ドーズ案 1925 ロカルノ条約	1925 パフレヴィー朝（イラン；～1979）	1925 五・三〇事件 1926 北伐の開始,蒋介石 1927 上海クーデタ 南京国民政府 1928 北伐完成 張作霖爆殺事件	大正時代
	1929 世界恐慌（ウォール街の株価大暴落） 1931 フーヴァー‐モラトリアム（米） 1933 ニューディール政策（米；F.ローズヴェルト大統領） 　農業調整法（AAA） 　テネシー川流域開発公社（TVA） 　全国産業復興法（NIRA） ソ連を承認（善隣外交） 1934 フィリピン独立法可決 キューバの独立承認 1935 ワグナー法	1927 ジュネーヴ軍縮会議 1928 不戦条約 1929 ヤング案 1930 ロンドン軍縮会議 1931 ウェストミンスター憲章（英） 1932 オタワ連邦会議（英） ブロック経済の形成 1933 ヒトラー政権成立（独） 国会議事堂放火事件 全権委任法成立 1935 再軍備宣言（独） 1936 ブルム人民戦線内閣（仏） スペイン内戦 ベルリン‐ローマ枢軸 1937 日独伊防共協定 1938 オーストリア併合（独） ミュンヘン会談 1939 独ソ不可侵条約 第二次世界大戦勃発 1940 日独伊三国同盟	1929 インド国民会議派ラホール大会 プールナ‐スワラージ決議 1930 第2次非暴力・不服従運動 英印円卓会議 1932 サウジアラビア王国成立 イブン＝サウード 1935 新インド統治法 1936 イタリア,エチオピア併合 1940 フランス領インドシナ進駐（日本；～1941）	1931 柳条湖事件 満州事変 1932 上海事変 リットン調査団 満州国建国（日本） 1933 国際連盟脱退（日本） 1934 長征（大西遷；～1936） 1935 八・一宣言（中国共産党） 1936 西安事件 1937 盧溝橋事件 日中戦争（～1945） 1938 重慶政府（蒋介石） 1939 ノモンハン事件 1940 汪兆銘,南京政府樹立	昭和
1940	1941 武器貸与法成立（米） 大西洋憲章（米・英） 太平洋戦争（～1945） 1943 カイロ会談 テヘラン会談 1945 第二次世界大戦終結 国際連合発足 1947 トルーマン‐ドクトリン マーシャル‐プラン 1948 米州機構成立	1941 日ソ中立条約 独ソ戦争 1942 スターリングラードの戦い（～1943） 1943 イタリア無条件降伏 1944 ノルマンディー上陸 1945 ヤルタ会談 ドイツ無条件降伏 ポツダム会談 1947 コミンフォルム結成 1948 ベルリン封鎖（～1949） 1949 北大西洋条約機構（NATO） ドイツ連邦共和国成立 ドイツ民主共和国成立	1941 マレー占領（日本） 1942 ジャワ・スマトラ占領（日本） フィリピン・ビルマ占領（日本） 1945 アラブ諸国連盟結成 ベトナム民主共和国独立 ホー＝チ＝ミン 1946 インドシナ戦争（～1954） 1947 インド・パキスタン分離独立 第1次インド‐パキスタン戦争 1948 イスラエル建国 第1次中東戦争	1941 太平洋戦争勃発 1942 ミッドウェー海戦 1943 ガダルカナル島撤退（日本） 蒋介石,カイロ会談に出席 1944 サイパン島陥落（日本） 1945 広島に原爆投下 ソ連,対日参戦 長崎に原爆投下 日本,無条件降伏 1948 大韓民国・朝鮮民主主義人民共和国成立 1949 中華人民共和国成立 毛沢東主席,周恩来首相 1950 中ソ友好同盟相互援助条約 朝鮮戦争（～1953）	時代
1950	1950 マッカーシズム（米） 1951 太平洋安全保障条約（ANZUS） サンフランシスコ平和条約 日米安全保障条約 1953 巻き返し政策（米；ダレス国務長官）	1951 ヨーロッパ石炭鉄鋼共同体（ECSC）設立 1953 スターリン死去 "雪どけ"の進行	1952 エジプト革命 ナギブ 1954 コロンボ会議 ディエンビエンフーの戦い ジュネーヴ休戦協定 東南アジア条約機構（SEATO） アルジェリア戦争（～1962）	1953 第1次五カ年計画（中国） 米韓相互防衛条約 1954 平和五原則（ネルー・周恩来会談）	

年代	南・北・中央アメリカ	ヨーロッパ	アフリカ,西・南・東南アジア	北・東アジア	日本
1955		**1955** ワルシャワ条約機構 ジュネーヴ4巨頭会談 **1956** スターリン批判 ポーランド反ソ暴動 ハンガリー反ソ暴動 1958 EEC・EURATOM発足	**1955** アジア＝アフリカ会議 バグダード条約機構 1956 第2次中東戦争 （～57） 1957 ガーナ独立 エンクルマ		昭
1960	1959 キューバ革命 カストロ 1961 ケネディ大統領就任 **1962** キューバ危機 1963 部分的核実験停止条約 1964 公民権法〔米〕	1961 非同盟諸国首脳会議 1967 EC発足 1968 五月危機（仏） 1968 ソ連,チェコスロヴァキアに軍事介入	**1960** アフリカの年 1963 アフリカ統一機構（OAU） 1965 ベトナム戦争（～73）,北爆 九・三〇事件 1967 ASEAN発足	1959 チベット反乱 1966 文化大革命	和
1970	1971 ドル-ショック 1972 ニクソン訪中 1973 チリ軍部クーデタ アジェンデ死亡	1970年代 デタント（緊張緩和） 1972 東西ドイツ基本条約 1973 拡大EC 1975 サミット（先進国首脳会議）	**1973** パリ和平協定 石油危機 1979 アフガニスタンに軍事介入（ソ連） 1979 中越戦争 1980 イラン-イラク戦争	1971 中華人民共和国の国連代表権承認 1979 米中国交正常化	時
1980	1982 フォークランド戦争 1987 中距離核戦力（INF）全廃条約 **1989** マルタ会談（冷戦の終結）	1986 ペレストロイカ（改革） **1989** 東欧革命 ベルリンの壁開放 1990 ドイツ統一		1989 天安門事件	代
1990	1992 地球サミット 1994 北米自由貿易協定（NAFTA）発足 1999 パナマ運河返還	1991 ユーゴスラヴィア内戦 ソ連消滅 独立国家共同体 1993 EU発足 1999 ユーロ使用開始	1991 湾岸戦争 アパルトヘイト終結 1993 パレスチナ暫定自治区協定 1994 南アフリカ,マンデラ大統領就任（初の黒人大統領） 1998 インド・パキスタン核実験	1991 南北朝鮮の国連同時加盟 1997 香港返還 1999 マカオ返還	平
2000	2001 同時多発テロ（米） アフガニスタン侵攻（米） 2003 イラク戦争		2002 AU（アフリカ連合）発足 東ティモール,インドネシアから独立 2012 国連総会で「パレスチナは国家」決議採択	2002 **胡錦濤**総書記就任 2012 **習近平**総書記就任	成時代

クレシーの戦い
アザンクールの戦い
百年戦争

ワット=タイラーの乱

ピューリタン革命

ルシタニア号の沈没

バイユー

パリ
● ルイ14世のパリ入市式
● ヴェルサイユ宮殿
● フランス革命
● ナポレオンの戴冠
● 二月革命
● ドイツ皇帝の戴冠式
　（ヴェルサイユ宮殿）
● パリ万国博覧会

オルレアン
ジャンヌ=ダルク

カルカソンヌ

ロッキー山脈
グレートプレーンズ
ボストン茶会事件
ニューヨーク

サン=サルバドル島

テノチティトラン

マチュ=ピチュ

おもな都市と遺跡

- ブレーメン
- 聖ヴィターレ聖堂
- ミュンヘン会談
- ウィーン会議
- ロシア第一革命
- ヤルタ会談
- 秦代の万里の長城
- 高句麗壁画
- 雲崗石窟
- 北京
- リーグニッツ
- イスタンブール
- テル=サラサートと遺跡
- 敦煌
- 長安
- 開封
- 新羅仏国寺
- ローマ
- ポンペイ
- パルテノン神殿
- クノッソス宮殿
- イッソスの戦い
- ジャルモ遺跡
- ガンダーラ
- デリー
- ポタラ宮
- 竜門石窟
- 海印寺
- ロゼッタ石
- バグダード
- ハンムラビ法典
- モヘンジョ=ダロ
- カーンブル
- 景徳鎮
- 天京（南京）
- ギザのピラミッド
- メッカ
- ペルセポリス
- アジャンター
- サルナート
- 広州湾
- スエズ運河
- アンコール=ワット
- フィレンツェ
- ボロブドゥール

凡例：● は本書に関連する都市と遺跡。

写真提供 (50音順)

アフロ
アマナイメージズ
ゲッティイメージズ
WPS
PPS通信社
ユニフォトプレス

＊Warner Bros

編集／ＤＴＰ	株式会社　オルタナプロ
ＤＴＰデザイン	有限会社　エム・サンロード
装丁デザイン	上迫田　智明

謎トキ 世界史
写真・絵画が語る歴史
西洋史編

2016年 9月15日　　　　初版発行

編　者	清水書院編集部
発行者	渡部 哲治
発行所	株式会社 清水書院
	〒 102-0072
	東京都千代田区飯田橋3-1-6
	電話　03-(5213)-7151
印刷所	図書印刷 株式会社
製本所	図書印刷 株式会社

定価はカバーに表示

●落丁・乱丁本はお取り替えいたします。

本書の無断複写は著作権法上での例外を除き禁じられています。複写される場合は、そのつど事前に、(社) 出版者著作権管理機構 (電話 03-3513-6969、FAX03-3513-6979、e-mail：info@jcopy.or.jp) の許諾を得てください。

ISBN 978-4-389-22585-8　　　Printed in Japan